香川大学経済研究叢書 31

PHILOSOPHY AND
PRINCIPLES OF AUDITING
― An Introduction ―

David Flint

監査の原理と原則

デヴィッド・フリント［著］
井上善弘［訳］

創成社

PHILOSOPHY AND PRINCIPLES OF AUDITING : An Introduction
by David Flint
Copyright © 1988, by THE MACMILLAN PRESS LTD

First published in English by Palgrave Macmillan, a division of Macmillan Publishers Limited under the title Philosophy and Principles of Auditing by David Flint.
This edition has been translated and published under licence from Palgrave Macmillan.
The author has asserted his right to be identified as the author of this Work.

「執事としての財務管理に不正があったとお思いなら，私を最も厳しい監査人の前に召喚なさり，お調べください。」―執事フレヴィアスがタイモンに対して。
ウイリアム・シェイクスピア著『アテネのタイモン』
(*Timon of Athens* by William Shakespeare)

※上記の訳については，松岡和子訳『アテネのタイモン』（筑摩書房，2017年，65頁）を参照した。ただし，一部変更しているところがある。

まえがき

　何年もの間，監査および会計において，どう「あるべきか」を巡る低調な議論が延々と続いてきた。実務家はたいていの場合，自分たちの仕事は応用分野に属し，市場によるテストを満足させることが存在のための十分条件であると主張してきた。結局，実務家は自由企業社会のなかで競争してきたのである。つまり，その社会が会計および監査サービスに対してすすんで報酬を支払うかぎり，当該サービスは真に必要なことを満足のいくやり方で満たしているに違いないのである。

　理論家，たいていの場合，学者は，異なることを主張してきた。理論家は，慎重に構成した論拠に自らの主張を基礎づけつつ，時折，実務に携わる会計士や監査人の側にまったく異なる活動や責任を求める結論を導きだしたのである。こういった主張は時に実務に影響を及ぼすことがあったが，より多くの場合，影響を及ぼすことはなかった。

　Flint 教授は，本書において，監査はどうあるべきかを究明するこれまでの企てに斬新なものを付け加えようとこころみた。Flint 教授は，当面のニーズを満足させているようにみえるという理由から現在の実務を承認するわけではなく，また，改善したサービスを提供すると主張することで代替案を提起しているわけでもない。むしろ，まったく異なる視点から監査に関する徹底的な分析に着手した。Limperg 教授の刺激的な「Theory of Inspired Confidence」や監査の理論的基盤を確立しようとするその他の労作を基礎にして，Flint 教授は，社会一般の視点から監査の機能を考察した。

　Flint 教授はまずこう問いかける。社会における監査の役割とは何か。監査が満足させることのできる社会のニーズとは何か。社会は監査に多くのことを期待しすぎているのではないのか。要するに，監査サービスに対する社会の

ニーズが十分にまたいつまでも満たされるために，監査と社会が互いに果たさねばならない相互の義務とは何か。以上の問いに対する答えを探すなかで，Flint 教授は，監査人の観点からでもなく監査を受ける側の観点でもない，社会の福利に関心がある者や監査を社会の1つの要素とみなす者の観点から，監査に目を向けるのである。

　この観点から関心の対象にアプローチすることで，Flint 教授は，監査機能に対して広い視野，おそらくは可能な最も広い視野に立つことになる。すなわち，

　　監査という社会的な概念は，関係当事者以外の者による特別な種類の検査であり，成果と期待を比較し，かつその結果を報告する。監査は，アカウンタビリティを監視し，またそれを確保する公的および私的な統制機構の一部である。

　このような広い概念から始めて，Flint 教授は，監査の理論，権威，プロセスおよび基準を考察している。教授は体系的にまた広範囲にそれを行っている。その結果，監査文献に優れたものが1つ加わった。ここにあるのは，監査に関心を抱くものなら誰もが読み，理解できる著書である。本書の議論は概念のレベルで進んでいく。読者は，我々の生きている種類の先進経済社会がなぜ監査および監査人を必要としているのか，またそういった社会は監査および監査人に何を期待しているのかを理解できるようになる。監査がもたらす成果の限界を認識しつつ，監査の現実的な可能性についての探求が，社会の監査および監査人に対する期待との間でバランスを取りながら行われている。Flint 教授は，社会が監査に対して要求しすぎることも認めないし，また監査が社会に提供することが少なすぎてもこれを認めない。

　Flint 教授は，本書を「本主題に関する序説である」と説明している。確かに，監査に関する豊富な知識や経験を持たない方でも本書を読み，かつ理解することができる。しかし，本書を最後まで読み終えた方は，今日実施されている監

査および将来実施されるに違いない監査を支える社会哲学に関する理解を，監査に関してはるかに多くの知識や経験を持つ方たちは，─本書を読まなければ─けっして得られることがないかもしれない理解を手に入れるであろう。

Accounting Horizons 編集者
R. K. Mautz

序　文

　監査プロセスは，先進社会の十分に確立された制度である。それは，社会の構成員が要請し，かつ依拠することのできるプロセスである。しかし，他の多くの社会的な制度と同様に，それが創り出された事情やその存続と継続的な発展のために必要な条件はほとんど理解されていない。現状を簡潔に言えば，こういった論点が学者の注意を惹くことはこれまでほとんどなかったこと，また，この重要な社会的活動の基礎にある概念について，これまで認識されることも探究されることもなかったということである。注目に値する例外が，R.K. Mautz と Hussein A. Sharaf の業績であり，これは 1961 年にアメリカ会計学会から公刊された『*The Philosophy of Auditing*』において公表されたものである。これは本研究分野における真に独創性に富んだ著書であった。両著者は，本書を監査理論を展開する最初の試みであると言い，それが不完全で決定的なものではないことを認めながら，研究の可能な1つの型となるとの期待を表明していた。1973 年，アメリカ会計学会は基礎的監査概念に関する報告書 (*A Statement of Basic Auditing Concept*) を発刊した。これは，同学会の基礎的監査概念に関する委員会 (Committee on Basic Auditing Concept) による2年間にわたる研究と審議の成果であった。監査理論に関する Limperg の見解 (1930 年代に著されたもの) が英語の読者に理解できるようになったのはごく最近 (1985 年) のことである。Limperg の基礎にある考え方は，Mautz は自身の理論を展開する際に Limperg の見解に気付いていなかったけれども，Mautz のそれ (30 年後に著した) と興味深い一致を示している。

　以上のものを除けば，理論の展開に貢献したものはこれまでほとんどなかったのである。しかしながら，研究活動は盛んになってきている。たとえば，Kansas, Illinois および Texas といった諸大学では，定期的な研究セミナー

が数多く存在する。Georgia 大学では監査研究センター（a Center for Audit Research）が設立された。監査上の研究課題に関する公表論文がより頻繁に現れるようになっている。英国やその他で学問的な関心が今広まってきている。しかし，これまで行われてきた研究では，社会現象としての監査に関わる全般的な哲学や理論より，監査における調査実務に関する分析あるいはその合理性ないし理論的妥当性，もしくは他の知識分野の監査実務への適用に目が向けられてきたのである。

　Mautz と Sharaf は，その著書において主として事業会社の監査に関心を寄せており，彼らの概念的なアプローチがより一般的に適用可能な根本原理に基づくものではないと主張することは誤りであるけれども，より広義の監査概念には関心が示されていなかった。彼らはまた，アメリカの制度，規制および文化環境という文脈のなかで本主題にアプローチしていた。倫理あるいは道徳に関する強い含意のある主題においては，このことは重要である。彼らの著作は，監査の発展過程における重要な里程標である。しかし，彼らのモノグラフが著されてから 20 年の歳月が過ぎ，それゆえ，その間には社会の考え方には大きな動きがあった。

　本書は，英国での監査実務と大学における教育および研究の経験を背景として書かれている。このことが本書での考え方とその提示の仕方に影響を及ぼすことは避けられないが，可能な限り一般的に適用可能な原則を基礎にして主題を取り扱うことを意図してきた。たとえば，事業会社や法人，あるいは政府や他の公共団体の会計記録や財務諸表の監査が現代の監査活動の最も重要な部分を占めているかもしれないが，本書が特にこのトピックを対象としているというわけではない。本書は，社会において多くの多様な適用形態を有する機能として，監査という主題に関心の目を向ける。本書は，内部監査に関していくらか言及するし，また，外部監査に係る原則は一般的に内部監査に適用可能であることがわかるであろうが，主として外部監査の公的な機能との関連から本主題を取り扱う。

　従前において財務諸表の監査が主要な監査の適用形態であり，また歴史的に

みても監査とは何かについての最も一般的な解釈であるといえるけれども，監査機能は今やもっと広範囲に適用されるとともに，ますます非財務活動や非会計データをその対象として取り入れるようになってきている。伝統的な財務諸表の領域でさえ，設定された目的の適切性に対して異議が申し立てられているために，変化を求める圧力が存在する。それゆえ，こういった展開は，監査という活動，その前提，技法，実践および手続に関する調査や評価，また，監査の理論的基盤に関する研究の必要性を喫緊の課題とさせている。

　本書が監査理論について余すところなく研究をした論考であるというつもりはない。本書は当該主題に関する序説として書かれたものである。最初に，暗黙の裡に存在する社会哲学のあらましを述べ，また多くの基礎的な公準を定式化する。監査理論はこの基礎的な公準から構築される。そして，次に監査実践の基礎を提供する原則について説明する。これらの原則は上述の哲学と公準から導きだされる。

　本書を執筆するための調査や下調べが進むにつれて，監査理論—よりいっそう監査理論への貢献—について理解するには他の知識分野に関する深い理解が必要であることがますます明らかとなってきた。著者の知識に限界があることが理由で本書に不十分な点があることを認めるが，少なくともそのことが，他の方々がよりよい研究を行おうとする刺激となるかもしれない。

　本書は，将来，監査で実践的な教育や訓練に取りかかる予定の方々，あるいは併せてそうされている方々による理論的研究の基盤になることを意図している。そういった方々は監査目的の達成に役立つことを意図する実務や技法により関心を持っているだろうけれども，監査に関わる政策決定や監査実践に責任を負う，あるいはそれらに影響を及ぼす立場にある方々が本書を読むことでもまたベネフィットが得られるであろうと期待している。アカウンタビリティの義務を伴う経営あるいは行政に関わる責任を負うその他の方々が本書を読まれることもまた期待している。そういった方々は，監査の対象となる人たちであり，監査とは何であるかについて，また監査がどのように遂行されるのかについてより良い理解を得たいと考えている。

それゆえ，本書は，カレッジ，総合技術専門学校（polytechnics），大学やビジネススクールあるいは専門学校の専門職業一般コース，経営管理コースにおける主題に関する研究の基礎として適しているはずである。

本書は，また，監査報告書を利用しかつそれに依拠しなければならない方々に知識を授けること，たとえば，彼らが監査から得る保証とはどんなものであるかについてより良い理解をもたらすこと，また，一部の人たちにとって監査が社会的な価値のあることに確信の持てないような，単調で決まりきったことを行う機械的な仕事であるように思われていることについて，多くの誤解を正すことに役立つはずである。最後に，本書は，特定の社会科学者にとって価値のあるものであるかもしれない。というのは，当該社会科学者が関心を寄せる監査という活動は，その社会的な枠組みにおいて重要な位置を占めているからである。

本書の章は4つの部分にグループ分けされている。第Ⅰ部はそれに続く部分の基礎となるものを定めている。そこでは，社会現象としての監査概念が考察され，また，監査を定義する一組の基礎的な命題が展開される。これら命題が第Ⅱ部，第Ⅲ部および第Ⅳ部に対してフレームワークを提供している。各部は監査理論の重要な領域を取り扱っている。第Ⅱ部は監査の権威を基礎づけるものに関心の目を向ける。すなわち，能力，独立性，倫理および監督といった主題を詳細に考察している。第Ⅲ部では，監査プロセスに関わる原則を，監査証拠の性格に関する考察のなかで（その際，重要性と監査リスクにもある程度の注意を払っている），また報告と伝達の機能に関する考察のなかで検討している。最後に，第Ⅳ部では，監査から得られる保証の水準に関する理解を促進するために，監査人に期待される専門的な見地からみた成果の基準を分析している。

本書は大部の書ではない。それゆえ，その目的は限られたものにすぎない。にもかかわらず，本書の執筆には長い時間を要した。それは，近年，研究者としてのまた会計士としての仕事が間断なく生じ，それに優先して注意を払ってきたためにやむを得ずしばしば中断を余儀なくされた結果であった。しかし，執筆が遅れたことが必ずしもすべて悪いわけではなかった。練り上げた考えを

強固なものにするために，また，より哲学的かつ理論的なレベルでの思考を刺激する必要性を強調するうえで，そういった出来事は役に立ったのである。
監査の根本原理，理論および原則の理解を目指した本書を公刊するに際して，私は，過去40年以上に亘って私の考え方に影響を及ぼしてきた会計士および大学の同僚や友人に感謝したい。第一に感謝したいのは，Bob Mautzである。彼は，私がまだ監査人として実務に携わっていたころに，はじめて哲学的な見地から監査を思考するように促した。彼の著作は私の考えに影響を及ぼし続けてきた。そして，彼は親切にもまえがきを寄せてくれたのである。

1987年1月　グラスゴーにて

DAVID FLINT

略語一覧

AAA	アメリカ会計学会（American Accounting Association）
AICPA	アメリカ公認会計士協会（American Institute of Certified Public Accountants）
CACA	公認会計士勅許協会（Chartered Association of Certified Accountants）
CICA	カナダ勅許会計士協会（Canadian Institute of Chartered Accountants）（※1）
E and AD	国庫及び会計検査庁（Exchequer and Audit Department）（※2）
FEE	ヨーロッパ会計士連盟（Fédération des Experts Comptables Européens）（※3）
IAPC	国際監査実務委員会（International Auditing Practices Committee）（※4）
ICAEW	イングランド・ウエールズ勅許会計士協会（Institute of Chartered Accountants in England and Wales）
ICAI	アイルランド勅許会計士協会（Institute of Chartered Accountants in Ireland）
ICAS	スコットランド勅許会計士協会（Institute of Chartered Accountants of Scotland）
IFAC	国際会計士連盟（International Federation of Accountants）
UEC	ヨーロッパ会計士連合（Union Européenne des Experts Comptables Economiques et Financiers）（※5）

（訳注）
※1　カナダ勅許会計士協会は，2013年1月にカナダ管理会計士協会（Certified Management Accountants of Canada：CMA）と統合してCPA Canadaを設立し，2014年10月にこれにカナダ一般会計士協会（Certified General Accountants of Canada：CGA）が参加して現在に至っている。
※2　現イギリス会計検査院（National Audit Office）。
※3　2016年12月にAccountancy Europeへと名称変更。
※4　2002年4月に国際監査・保証基準審議会（International Auditing and Assurance Standards Board：IAASB）へ改組。
※5　1987年1月にFEEへ改組。2016年12月にAccountancy Europeへと名称変更。

目　次

まえがき
序　文
略語一覧

第Ⅰ部　理　論

第1章　監査：社会的概念 ——————————— 3

　第1節　監査の機能……………………………………………5
　　　　倫理的な基盤（7）
　第2節　監査概念………………………………………………10
　　　　1. アカウンタビリティ（13）　2. 社会的現象としての監査（16）
　　　　3. 監査人の役割を社会が決定すること（18）

第2章　基礎的公準 ———————————————— 21

　第1節　序　論…………………………………………………21
　第2節　公　準…………………………………………………22
　　　　要　約（45）

第Ⅱ部　権　威

第Ⅱ部への序論　49

第3章　能　力 ——————————————————— 53

第4章　独立性 ——————————————————— 59

　第1節　精神的態度……………………………………………65

第2節　独立性に対する一般の人々の信頼……………………………………67
　第3節　独立性に対して重要な意味を持つ状況………………………………69
　　　1. 個人の資質（70）　2. 人的関係（71）　3. 金銭的な利害または依存（72）
　　　4. 調査および報告上の自由（80）　5. 組織上の地位（83）
　第4節　レビュー……………………………………………………………………94

第5章　倫　理 ─────────────────────────── 97
　第1節　専門職の特徴………………………………………………………………97
　第2節　専門職に対する規制………………………………………………………98
　第3節　職業行為…………………………………………………………………100
　第4節　監査プロフェッション…………………………………………………101
　第5節　倫理に関する指針………………………………………………………102
　　　1. 職業専門家としての能力（102）　2. 職業専門家としての独立性（103）
　　　3. 秘密保持（103）　4. 両立不可能な活動あるいは職務（104）
　　　5. 専門的業務の獲得，宣伝および広告（105）
　第6節　水準の監視，監督および維持…………………………………………107

第Ⅲ部　プロセス

第Ⅲ部への序論　111

第6章　証　拠 ─────────────────────────── 115
　第1節　基礎的公準………………………………………………………………115
　第2節　適格性ある証拠…………………………………………………………117
　第3節　証拠の計画，収集と評価………………………………………………121
　第4節　監査リスク………………………………………………………………124
　第5節　証拠の評価………………………………………………………………125

第7章　報　告 ─────────────────────────── 129
　第1節　報告規準…………………………………………………………………130
　　　1. 主要な原則（130）　2. 専門的および技術的な正確さ（131）
　　　3. 理解可能性（132）

第 2 節　報告の細目……………………………………………………… 134
　　　1. 報告の宛名となる利害関係者集団の確認（135）
　　　2. 報告書が言及する組織（あるいは組織の一部）の確認（135）
　　　3. 報告書が言及の対象とする財務諸表，陳述書あるいはその他の主題の確認（136）　4. 委託事項（136）　5. 検査の範囲（136）
　　　6. 報告書の日付（137）　7. 監査人の署名と称号（137）
第 3 節　公　　開………………………………………………………… 138

第 8 章　重要性 ─────────────────── 141

第 1 節　計　　画………………………………………………………… 142
　　　1. 会計上の重要性（144）　2. 内部統制の鍵となるポイント（146）
　　　3. 重要な弱点となる領域（147）　4. 監査報告のために不可欠な情報とデータ（147）
第 2 節　実施：証拠の調査と検査………………………………………… 147
　　　会計上の重要性（148）
第 3 節　報　　告………………………………………………………… 149
第 4 節　規　　準………………………………………………………… 151

第Ⅳ部　基　準

第Ⅳ部への序論　157

第 9 章　正当な注意と過失 ─────────────── 161

第10章　実践基準 ──────────────────── 169

第 1 節　平均的な実務家に関わる基準…………………………………… 169
第 2 節　概念基準…………………………………………………………… 170
第 3 節　監査プロフェッションの責任…………………………………… 171
第 4 節　専門基準，ガイドラインおよび意見書………………………… 172
第 5 節　専門基準，ガイドラインおよび意見書の権威………………… 174

第11章 品質管理 ———————————————— 177

第1節　一般の人々からの信頼……………………………………… 178
　　1. 監査人のアカウンタビリティ（179）　2. 監査事務所の専門基準（180）
　　3. 専門家団体の責任（180）
第2節　品質管理の方針と手続………………………………………… 182
　　1. 全般的方針（182）　2. 職　員（183）　3. 監査の管理と実務（183）
　　4. 査閲とレビュー（184）
第3節　実務の検査…………………………………………………… 185
　　1. 実務検査の目的（186）　2. 実務検査を実施するスタッフの配置（187）
　　3. 実務検査報告書（188）　4. 実務検査，頻度およびコスト（188）
　　5. 実務検査に係る責任（189）

追　　記　191
注　　　　193
参考文献　197
翻訳者あとがき　199
索　　引　203

第Ⅰ部

理　論

第1章
監査：社会的概念

　監査の社会的重要性と，監査が世界中で会計プロフェッションの仕事の重要な部分を構成している事実にもかかわらず，監査理論の研究にも，その探究の進展に対してもほとんど関心が示されてこなかった。つまり，会計プロフェッションは，自らの時間と労力のそれほど多くを費やす主題について，これまで知的好奇心をほとんど示してこなかったのである。不思議なことに，他の関連する分野，たとえば，行政，コーポレートガバナンス，財務，あるいは社会制度といった分野の学者たちは，これまで監査に対してほとんど考慮を払ってこなかったように思われる。監査が社会的統制機構の一部として重要であるにもかかわらず，である。監査は，個人と社会の至るところに存在するあらゆる規模とタイプの組織が負うアカウンタビリティを確保する点で，また，受託責任に関する情報やその他の財務に関する情報の信憑性 (credibility) と信頼性 (reliability) を立証する意味で，社会的統制機構の一部なのである。

　監査実務に関する文献はかなりの数にのぼり，最初期の現代的な教科書は19世紀の終わりごろに現れている。そして，監査実務の質を向上させかつ統制することに対して今日でも相当の注意が払われている。しかしながら，これまで，監査理論の進展に対してほとんど関心が払われることも，それに対する貢献もほとんどなかったのである。監査理論の基礎をなす根本原理 (philosophy) は，たいてい当然視されるか，もしくは気にも留められない。もちろん，発展させるべき理論が存在しないとも言えるかもしれない。

　それゆえ，監査の根本原理，理論および原則に関する書物の出発点として，なぜ監査において根本原理ないしは理論が存在すると考えるべきなのか，そし

て，それを展開しかつ研究することから期待されるベネフィットとは何かを考えてみることが望ましい。

確かに監査実務は事前に何ら理論を定式化することなく発展してきた。それゆえ，監査という現象に関する一般の人々の理解は理論の助けなしに進展してきたと言える。しかしながら，一般の人々が監査をどう理解しているか，あるいは社会的関係のうちのどういった組み合わせが監査の必要性を認識させる状況を生み出しているのかについて，共通の理解が存在するわけではない。監査の目的は何か，あるいは，採用した手続や実務が認められた目標との関係で十分かつ適切であると思われるのはなぜか，という問いに対する一般的な解答は存在しない。

監査は監査人が行うことであり，また監査は理論的な内容を何ら持ち合わせていないとの推測の下で，監査は「実践的な」主題であるとしばしば説明される。こういった見方は批判的検討に耐え得るものではない。監査人が行っていることの価値を，また監査が共同体の富あるいは福祉に貢献していることを，社会が承認していることに関して，何らかの説明があってしかるべきである。監査人は監査と関連を持つ社会の構成員による要求と期待をどのように見極めるのか，そして，それら要求や期待を業務の観点からどのように解釈するかについて説明がなされなければならない。すなわち，監査人が行うことについてなぜそうするのか，監査人自身が実現させると考えていること，また一般の人々からみて監査人が実現させると考えていることに関して，説明がなされなければならない。監査の性格，目的，可能性そして限界についての説明があってしかるべきである。監査の機能からベネフィットを得ようと考える社会の構成員が，手に入ると期待できることを理解できるようにするためである。監査をその他の調査，監視，報告の機能と区別する何らかの明確な特徴があってしかるべきである。監査の成果を判断できる何らかの規準，監査実務を採用するうえで参考となる何らかの規準があってしかるべきである。監査を実践するために必要な知識と技能の性格について相当程度の理解が必要である。

第1節　監査の機能

　監査の目的が何であるかという問いに対して解答を与えることは可能である。たとえば，会社あるいは法人企業（関連する法律の意図が明確であることも，それが一般の人々の期待を今反映しているかどうかも決して明らかではないけれども），民間企業，住宅金融組合，銀行，国，州あるいは地方政府，中央政府の諸部門，私的クラブ等に対する監査の目的である。しかしながら，それは，どのような状況が存在すればこういった多様なニーズと期待が生じるのかについて，私たちに何も教えてはくれない。社会の期待について理解していなければ，特定のケースの各々において，定められた監査の目的あるいは目標が正しく解釈されてきたかどうかについて知ることができない。より最近の展開に目を向けると，「社会監査」あるいは「経営監査」あるいは「業務監査」において求められていることは何かについて，共通の理解が存在するかどうか決して明らかではない。なぜ，「監査」なのか。適用すべきプロセス，遂行すべき機能に関する説明，それは，たとえば，検査（examination），点検（inspection），照合（check）あるいはレビュー[1]に言及することでは伝達されないものであるが，そういった説明が想起させることは何か。

　監査の定義のほとんどは具体的な状況を志向している。すなわち，それら定義は，当該状況における監査に固有の目的や責任を明らかにしている。なかでもより普及した定義の1つは，アメリカ会計学会（AAA）の基礎的監査概念委員会（1973）による，「監査とは，経済活動や経済事象についての主張と確立された規準との合致の程度を確かめるために，これらの主張に関する証拠を客観的に収集・評価するとともに，その結果を利害関係を持つ利用者に伝達する体系的な過程である。」という定義である。職業会計士の団体によるステートメントはもっと具体的である。国際会計士連盟（IFAC）の国際監査実務委員会（IAPC）による最初のガイドライン（1980）は，「承認された会計方針の枠組みにおいて作成される財務諸表に対する監査の目的は，当該財務諸表に関して監

査人が意見を表明するのを可能にすることである。監査人の意見は財務諸表の信憑性を確立する手助けとなる。」と述べている。イギリスの専門監査基準およびガイドライン (the Professional Auditing Standards and Guidelines) (1980) の序文は,「監査は,任命された監査人が当該任務の遂行として,また関連する法的義務を遵守しながら実施する,企業の財務諸表の独立的な検査およびそれに関する意見の表明である。」と言う。また,アメリカでは,アメリカ公認会計士協会 (AICPA) の監査基準書 (Statements on Auditing Standards) が,「独立監査人による通常の監査の目的は,財務諸表が一般に認められた会計原則に準拠して財政状態,経営成績および財政状態の変動を適正に表示しているかどうかに関して意見を表明することである」と規定している。Mautz (1975b, p.17) は,「先進経済社会における監査の役割は,非常に簡単に言えば,財務諸表に信憑性を付与することであると言うことができるし,また,これまでそう言われてきた。」と述べている。

　しかしながら,監査の機能を財務諸表ないし情報に関する意見の表明,あるいはそれに対する信憑性の付与であると説明することでは,監査の社会的な機能あるいはその基礎にある目的を見極めていないことになる。法人企業の監査人にとって財務諸表に信憑性を付与することが最大の関心事であること,および専門的なステートメントにおいてその機能が現在強調されていることは,監査の対象範囲に関する明確な証拠とはけっして言えない。もし監査の政策決定者や監査人が監査に対する社会の期待を実際上解釈しようとするならば,監査の社会的な機能の持つ概念的な特質を理解しなければならない。監査の一般的な概念と監査の社会的機能に関する解釈によれば,監査の対象範囲は会計データと財務状況に関するアカウンタビリティには限定されない。

　企業の監査は,元来,会計上の誤謬や詐欺のような不適切な行為を調査することに関わっていた。より最近では,年次財務諸表の与える情報を検証することが強調されてきた。しかしながら,現在,監査人と利用者との間の「期待ギャップ」に関心が集まっていること,また,たとえば金融スキャンダルないし不祥事や,「疑義のある」支出の摘発が引き金となって生じた企業の財務管理

の監査に対する一般の人々の懸念は，監査機能が決してそのように狭くは理解されていないことの証左である。業務監査[2]および経営監査[3]の発展は，監査に含まれる領域の幅広さを明確に実証している。イギリスの中央政府に対する監査では，その法的基盤は100年を超える歴史があり，またごく最近になって改正がなされたが，そのプロセスの性格が誠実性や合規性の単純な検証から，経済性[4]，効率性[5]および有効性[6]に関するより複雑な調査へと発展してきた。社会監査[7]という理論的概念の存在は，その実践がいまだ明確な輪郭を持たないとしても，「財務諸表に対する信憑性の付与」ということが（もちろんそれ自体非常に重要な機能であるけれども）監査という社会的機能の1つの現れに過ぎないことのおそらく最も顕著な証拠である。

　監査の社会的機能を概念化する営みにおいては，財務諸表に信憑性を付与する目的をいろんな観点から検討することが重要である。財務諸表に信憑性を付与するケースにおいて調査対象であり，また，それについて判断を行使しかつ意見を形成する事柄は，何らかの社会的規範に照らして測定した個人や組織による行為の質である。行為の基準に関する限り，監査における基本的な問題は倫理的な問題である。

倫理的な基盤

　さまざまな組織において行為の規範が何であるのか，また，監査による詳細な調査の対象となるのはアカウンタビリティのどの側面でなければならないかを決めるのは社会である。企業，行政および公人としての生活における倫理は，社会の構成員の私人としての生活における倫理とある程度関係があると予測できるため，この関係について理解することは監査における政策決定の基礎となる。

　監査が監視しようと努めるのは基本的に企業倫理あるいは公共の倫理である。監査の概念は一定であるかもしれないが，監査概念の操作的解釈は，監査の社会的ベネフィットがそれに対応する社会的コストを超えていると認められる場合には，倫理的価値観の変化だけでなく，監査プロセスを適用すべきアカ

ウンタビリティの問題に関する社会の価値判断に依存して進化していくものである。倫理の基準を巡る状況の変化だけでなく社会のニーズを巡る状況の変化も監査の進展を決定するのである。

　しかし，企業の倫理および公人としての生活の倫理について多様な見方が存在する。監査人が報告する対象である利害関係者集団は何を期待しているのか。詐欺あるいは違法行為には至らない疑わしい実務を定義することは難しい。また，社会が異なれば規準も異なる。監査人は，こういった問題に対して，良心ある企業家として行動するのかあるいは良心ある一般人として行動するのか。企業の財務報告における倫理に関するあるシンポジウムでの報告で，Burton (1972) は次のように詳述している。

　　報告領域における優れた実践を定義するために倫理基準と法的基準を区別することに関してもまたかなりの論議があった。参加者のなかには，法的基準の策定と法的プロセスを通したその執行による場合にのみ倫理に基づく健全な実務を満足のいく形で遂行することができると感じる者がいた。彼らは，ひとたび倫理基準が規範となると，それらの基準は裁判所により適用され，それゆえ報告環境を巡る法体系の一部となるであろうと，指摘していた。最近の訴訟や判決は，専門基準が一般の人々の期待を反映できていないときは，一般の人々の期待こそが何が適切な行動に該当するかに関する法的責任および倫理的判断の双方を決定する基礎として役立ち得る，との見方を支持してきた。(Burton, 1972, p.49)

　倫理基準，それと関連する社会的ベネフィット，および環境状況の重要性または性格に見られる変化，これらの間の相互作用が当面の問題に関連性を持つことを，私的部門と公的部門の両方における監査の進展のなかにはっきりと観て取ることができる。19世紀において株主の利益となるように自発的に行われていた企業の誠実性，合法性，合規性および正確な（ママ）会計に対する監査は，現在，法定監査に対する社会からの圧力への対応という形で進化してい

る。法定監査では，ある一定範囲の利用者が関心を持つと目される財務諸表が与えている概観を承認することに，是非はさておいても主たる強調が置かれている，と主張されている。業務監査や経営監査という概念の展開は，倫理基準，社会的価値および環境状況の間で相互作用が働いた結果として，承認された規範に照らして測定した行為や業績を監視するための監査が発現したことについての，さらなる例示である。より重要なことは，企業に対する社会監査という概念は社会の関心を示すひとつの表現として現れ出てきたこと，そして，監査概念に関するこういった展開は，今注意の目を向けている相互作用の非常に明確な形での現れであるということである。公的部門においても進展がみられた。それは政府緑書（Government Green Paper）（1980）により確認されており，同書は次のように明確に述べている。すなわち，「1866のE and AD Actも1921のそれも，いずれもが，彼［＝会計検査院長官］が効率性や経済性あるいは有効性といったより広範囲の問題を調査するとは明示的に規定していなかった。しかし，それらの法律が監査範囲に関する詳細な指針をまったく規定していないために，規定を修正する必要もなく変化が生じることが可能であった。」と。そして，監査が一層進展するように圧力をかける推進力となるものが，有効性監査の領域に存在する。有効性監査は，「確立された政策目標あるいは目的を満足させるために企てたプログラムないしプロジェクトがそのねらいを実現させたかどうかを評価するため」に実施される。

　社会が設定するアカウンタビリティの基準もしくは規準が成果の期待値を定める。そして，疑いもなく監査は業績に関する調査において社会的な機能を果たす。しかしながら，実際上，監査が面倒な社会的責任を負うことになるのは，これらの基準や規準が多かれ少なかれ主観的なものであること，また絶えず進化しているという事実に起因するのである。監査の社会的責任は，法律もしくは特定の状況の下での合意事項が課す監査への要求事項が持つ意味，それゆえそれが期待するものを，動的に，したがって静的なものでもなく一定のものとしてでもなく，解釈することにある。

第2節　監査概念

　それゆえ，理論が監査機能の果たす責任と監査機能の進展の基盤を説明し，これまで提起されてきたが未だ回答の与えられていない問題を解決する際の手助けとなる余地が存在する。ただし，ここに言う理論とは，特定の問題に対する一連の解決策で構成されている断片的な理論ではなく，それら未回答の問題すべてに対する解決策をそこから導き出し得るような一般理論を構成する一組の包括的な命題のことである。Mautz and Sharaf (1961) が主張するように，監査は「少しだけ内省のために思考を巡らし，また，監査の前提要件，目的および方法について検討を加えるのに十分な成熟段階に達している。」のである。彼らは続けて，「どのような特殊な主題でも，その基礎となる諸仮定について，性質，弱点および意義が明らかにされかつ吟味されない限り，真に進歩を遂げることができない。」という。彼らはまた，「監査の重要性が増大するにしたがって，監査人の仕事はその時代の社会のよりいっそう重要な側面と関わりを持つようになってくる。・・・しかしまだ，監査の基礎となる諸仮定は，吟味や評価を受けるほどには明らかにされていない。」と主張する。

　監査に関する理論の目的は，社会における監査の目的および目標を説明する，監査活動に関する整合性ある一組の命題を与えることにある。その命題は，監査実務と手続に合理的な基礎と正当性を与えるとともに，それらを目的および目標と関連づけ，加えて，社会の諸制度や社会的，経済的ならびに政治的環境という文脈のなかでの監査活動の位置づけを説明する。

　監査の概念化は，監査実務に精通している人たちのほとんどが監査範囲を狭く理解することによって妨げられており，また妨げられてきた。現にある具体的な目標がより深遠な目的の現時点での1つの現れである，と理解することが一般的に難しいとされることについて証拠がある。すなわち，監査は会計数値に目を向けるものであるとの先入観があるため，監査の社会的な目的が他の規準を利用することでも果たされることについての認識が妨げられてきた。個人

および組織の業績をレビューすることが長年にわたり監査の基礎として確立されており，それに傾倒することで，社会の考え方や期待の変化に順応することが難しくなってきている。進展する社会において時の試練に耐える理論を展開するために，よりいっそう深く物事をみること，そして，より基本的で根本的なアプローチを採用することが必要である。

　監査理論に関する先験的な (a priori) 仮説を定式化するために科学的なアプローチを採用するには，時間をかけて監査プロセスを観察および調査する必要がある。実務における手続や具体的な目標は変化してきているかもしれない。しかし，ここでの観察と調査の目的は，基本的な概念のなかで変わらずに存在するものを発見することにある。変化の程度がどんなものであれ，最低限「監査」として識別かつ説明できる継続して不変な要素が存在するにちがいない。また，科学的なアプローチには，社会的要因，すなわち，文化的，法律的，社会的，経済的および政治的な影響と制約条件に関する調査が必要である。これら要因が監査の目的や目標に関する社会の認識を条件づける。

　そういった調査の必要性は，現在の監査実務の目的と目標に関して確信が持てないことや不満があることについての証拠が増えていることから明らかである。英国では，このことは，新聞の批評の中で，また，もっと権威のあるところでは貿易省の検察官 (Department of Trade Inspectors) の報告書の中で，経済の公的および私的部門の両方で監査プロセスに関する誤解と裏づけのない期待のうちに現れ出ている。Peachey Property Corporation 社事件に関する報告書で，検察官 (1979) は監査人の機能に関連して次のように述べる。すなわち，「我々が直面してきた批判の多くは，法令が規定する監査人の機能と監査プロフェッションが理解する監査人の機能の双方についての不完全な理解に由来するものと思われる。」と。北米では，特に，「期待ギャップ」についての懸念が，職業専門家および政府の双方による調査によって十分に裏づけられている。たとえば，Cohen Commission (AICPA, 1978) は，「入手可能な証拠に基づく相当の研究と委員会自身の調査の結果…，そのようなギャップ（監査人の実績と財務諸表利用者の期待との間のギャップ）は確かに存在する。」と結論づけた。また，

Adams Committee (CICA, 1978) は,「一般の人々が期待していることと監査人が行っていることの間にギャップが存在するように思われる。」ことを見出した。さらに, Metcalf Committee (1978) は,「独立監査人が従う行為のパターンや提供するサービスの範囲を, それらが一般の人々の期待にかなうものであるかどうかを判断するために, 再吟味しなければならない。」と主張した。おおよそ8年後, Anderson Committee (AICPA, 1986) は,「一般の人々による期待ギャップ」('Public Expectation Gap') との見出しを付した節において,「この領域における監査人の責任をもっと積極的に論じたその報告書 (The Cohen Commission) の発刊以降, 監査基準の重要な変更がなされてきたが, 監査人が引き受ける責任の水準に一般の人々の期待が満足しているわけではない。」と報告した。そして, 公共監視委員会 (Public Oversight Board) 議長による次の挨拶文を引用した。

　　危機の原因は, 投資家や貸付者が会計プロフェッションの業務遂行能力を信頼しなくなっているという事実にある。その業務とは, 我々の社会において伝統的に会計プロフェッションに固有の機能であったもの, すなわち, 資本主義社会が必然的に依存する財務情報の誠実性の保証という機能を担う業務である。

　一般の人々が会計および財務諸表の監査において実現されていることについて懸念を抱いていることを示す証拠がある。Cohen Commission (AICPA, 1978, p.57) は,「ごく近い将来に, 概ね会計以外の分野に基礎を置く情報を監査機能が日常的に取り込むことになると期待することは, 非合理的であろう。」との見方をとっていた。しかし, ある方面から異なるタイプの監査, たとえば,「業務監査」あるいは「経営監査」を求める圧力があることを示す兆候がある。こういった監査では, 成果尺度に多くの分野が関係しているため, 多様な専門家が必要とされる。英国では, とりわけ公的な部門において,「支出の価値」('value for money') に関する監査にますます関心が寄せられている。これは,

経済性，効率性および有効性の調査を志向する監査を説明する一般的な用語である。「社会監査」('a social audit') を要請する人々の主張に対しても支持が増えている。そこでは，組織の，社会，個人および他の組織に対する関係すべてにおける社会的活動とその成果に関する報告がなされる。これは，理論の出発点を探求するうえで役に立つけれども，同時に，1つの問題を引き起こすことになる。活動を追加する形で監査プロセスを拡張する要請が存在することを実証することで，一般の人々が監査概念について一定の見方をしていることが裏づけられる。しかし，その詳細や定義が明らかでないため，利用者が求めているタイプの調査と報告が理論的に監査の概念と一致するのかどうか，あるいは，実践性の観点からみてそう言えるのかどうかについて，この段階で判断することは不可能である。

1. アカウンタビリティ

監査の機能と目的は，時折，次のように説明される。すなわち，監査は二当事者間，または，ある当事者と他の多数の当事者との間にアカウンタビリティの義務が存在する場合に必要となる。そして，監査はアカウンタビリティを確保する手段であると。監査は，行為と成果を監視する，またアカウンタビリティを確保するあるいは守らせる統制機構である。Gilling (1976, p.100) は，こういった見方を支持する見解を展開し，「監査人の機能は，また，社会的統制の観点からこれを捉えることができる。」と述べている。Mackenzie は，*The Accountability and Audit of Government* の前書きで，同様の主張を展開している。すなわち，「監査なきところにアカウンタビリティなし，アカウンタビリティなきところに統制なし。そして，もし統制がまったく存在しないとしたら，権力の座る席はどこにあるのか？」(Normanton, 1966, p. vii) と。Tricker (1982, p.58) は，「監査は，社会的−政治的な文脈においてのみ研究することができる。監査研究にはそれを支える理論が必要であり，それは，企業規制と社会的な権力や特権の行使に関する理論である。・・・そのような理論は，企業規制に関するモデルにおける監査の位置づけと目的を明らかにするであろう。」

と主張している。

　まちがいなく言えることは，実際のところ，どんなものであれ説明を対象とする監査が存在するところでは，ほとんど例外なくある関係が存在し，そこでは，ある当事者がもう一方もしくはその他の当事者に対してある種のアカウンタビリティの義務を負っていることである。当事者は個人あるいは集団，もしくはあるクラスの個人であってもよい。しかしながら，当事者のうちの一方がアカウンタビリティの義務を負う者である他者の成果に関する情報を得たいという場合で，アカウンタビリティの義務が存在するにもかかわらず，監査は要請されないという状況が多く存在する。過去においてアカウンタビリティの義務が存在しているものの，監査が要請されていなかった領域で，今，監査機能の拡張が論じられている領域がある。たとえば，企業や組織が負う社会的アカウンタビリティは新しい概念とは言えないが，社会監査という考え方は新しい概念である。行政のみならず企業についても，経済性，効率性および有効性に関するより詳細な吟味を求める需要が存在することは，アカウンタビリティを証明する際の拠り所となるべき規準が徐々に進展していく性格を持つことを例証している。

　それゆえ，監査プロセスの発動をもたらすのはひとりアカウンタビリティだけではなく，それ以外の事情が存在するにちがいない。アカウンタビリティという義務の存在はひとつの重要な事情であり，おそらくは最も重要な事情であるが，識別する必要のある事情が他に存在する。現在なされている論争や現に求められている変化から明らかなことは，監査は進化するプロセスであり，監査の適用対象である個人または組織の成果ないし行為に対する期待の変化に対応するということである。監査プロセスが，何を容認可能な行動とするかに関する具体的な規範の遵守を監視することを意図するものである限り，監査は明らかに文化，社会および政治に依存している。

　容認可能な行動の基準は，社会という総体的な環境が持つ，価値体系と慣習や道徳的な拘束力から導き出さなければならない。したがって，監査の原則は世界中で例外なく適用可能である一方で，特定の適用事項，期待される成果に

関する具体的な基準や認められる監査実務が同様に画一的であるとは思われない。それらは特定の社会の持つ文化とは一致するはずであるけれども。歴史，伝統，文化，経済発展の過程，国民性等の違いは，たとえば，西ドイツ，アメリカ，およびイギリスにおける，企業構造，規制の仕組み，制度および事業環境の違いとなって現れている，と言われている。カナダ勅許会計士協会（CICA）の特別委員会（1978, par.A10）は，監査人の役割を調査するために設けられたものであるが，次のように記していた。すなわち，「アメリカとカナダを取り巻く環境の違いについて我々がどう理解するかは，多くの場合において，アメリカにおける展開をカナダの会計士業界にとって関連性のあるものと考えるかどうか判断する際の1つの重要な要因であった。」と。監査が文化に依存していることはまた，監査という概念は不変であるかもしれないが，1つの社会においてさえ，監査という実践がその社会におけるその他の変化と共鳴および調和しながら変化することを意味する。

　誠実性と合規性はアカウンタビリティの基礎となる基準であり，それは社会哲学を前提としている。社会哲学は，容認可能な行動を測る尺度として，倫理的指針と法的な原則および規則を最も重要なものと位置づけている。企業，行政機関，もしくはあらゆる形態の社会的組織において，アカウンタビリティの第一原則としてのこれら基準の価値を損なうことなく，成果として期待されるものを，たとえば，主たる目標として効率性，有効性，環境保護あるいはエネルギーの節約を追求する経済的，政治的あるいは社会環境論的な動機にまで拡張することができる。製造業や商業において，効率的な財産管理の尺度である利益は，それよりは計量化が容易でない，たとえば，顧客サービス，従業員管理あるいはコスト効果などによって，これを補完することができる。行政においては，アカウンタビリティの規準として，業務の経済性と効率性は，社会政策目的の達成における有効性に比べて容易に測定できるが，より重要であるわけではない。たとえば，公共政策の観点からすると，エネルギーの節約は短期コストの最小化より重要であるかもしれない。

　アカウンタビリティは単純な概念ではない。それは定義することが必要な概

念であり，定義する際には，社会の見方や期待が実際に変化するという事実を考慮する必要がある。加えて，アカウンタビリティの履行を期待するあるいは要求する権利を持つ当事者は，必ずしも一定であるというわけではない。監査が要請されるかどうかの解釈は，各ケースにおけるアカウンタビリティの義務によって決まる。

2. 社会的現象としての監査

　監査の簡単な定義は，それは検査であるとするものである。しかし，監査は特別な種類の検査である。監査の意義を適切に理解するには，社会における監査の動的な機能を評価することが必要である。監査は社会的現象である。監査は実践的な有用性を除いて何ら目的や価値を持たない。監査はまったく実用的なものである。監査という機能は，社会における個人または集団のニーズを理解し，それに対応する形で進化してきた。それら個人または集団は，他者の行為もしくは成果について一般に認められかつ正当な関心を持っており，それらの行為もしくは成果に関する情報あるいは保証（reassurance）を求めている。監査は，こういった利害関係を有する個人または集団が必要な情報あるいは保証をいくつかの理由により自身では手に入れることができないがために，存在するのである。

　監査という社会的概念は特別な種類の検査であり，関係当事者以外のものが成果と期待を比較し，かつ，その結果を報告する。すなわち，監査は，アカウンタビリティを監視するとともに保証するための公的および私的な統制機構である。

　監査の基盤が社会のニーズにあることは，監査の極めて重要な特性である。変化しかつ発展する社会において，監査概念の実践的な意味に関する解釈は，監査に関係する諸集団と監査人との間で繰り返される相互作用の結果として導きだされるものでなければならない。監査人は，関係集団の期待の変化に対して敏感でなければならない。一方で，同時に，実施可能なものという制約の範囲内にこれら期待を抑えこまなければならない。監査ができることには経済的

かつ実践的な限界が不可避的に存在する。このことは，監査によるベネフィットを欲する人たちが理解しなければならないことである。

　監査人と，監査の政策決定者や関連ある利害関係者との間の交渉のための社会的な仕組みはインフォーマルであり，また組織化されていないが，それが効果的であることが重要である。監査人あるいは監査に係る政策決定者の側で監査の動的な性格を認識できず，また，正当な社会の圧力に対応できない場合，結果として，社会的目標が達成されない状況が生じ，また，これまで言及してきたタイプの「期待ギャップ」や誤解が発現することにつながるだろう。

　委託事項（terms of reference）と明確に定義された責任の系統をはっきりと理解することは必要であるが，監査人あるいは監査に係る政策決定者の側で，成果の規準あるいは利害関係者集団の観点からみた監査の目的をあまりに硬直的に理解すること，また，変化することに消極的であるかまたはそれに抵抗することは，変化する社会での監査の進歩と発展を妨げることになるであろう。罰則が，一損害に対して監査人個人が負う金銭上の債務の観点からして一厳しいものとなる場合には，不完全にしか定義されていない新たな責任を監査人の側で進んで引き受けることに慎重であることは理解できる。それゆえ，監査人を非合理的で耐えられないリスクにさらすことなく，関連する利害関係者集団の欲する保証と保護を確保できるシステムを創ることが必要である。

　私的部門では，歴史的事実として，企業が構成員あるいは株主（資本提供者）に対してアカウンタビリティという主要な義務をこれまで負ってきた。また，当該義務を監視するために監査責任が法律において認められかつ定められてきた。企業の規模，重要性および影響力が一社会的，経済的および政治的に一増すにつれて，また，社会構造や一般の期待が変化していくにつれて，アカウンタビリティたる義務は範囲の面ではより広く，そして観点の面ではより多様であるとの期待が現れるようになってきた。国家は公共の利益を擁護することに関心がある。従業員集団は，雇用機会が継続しかつ拡大することに関心がある。株主あるいは構成員は，実際上「所有主」の機能を遂行する集団とはもはや言えない。国際的な集団に対しては，多くの国家が多様で，また，おそらくは相

矛盾する関心を持っている。そして，これらすべてに対してアカウンタビリティたる義務が存在する。監査人のうちでも，企業もしくは会社とその構成員を自分たちの唯一の「顧客」であるとみなし，公共の利益に関心を持つ規制機関または監督機関のような代理機関，あるいは従業員集団を，監査人による直接的な報告の宛名として法的に資格を付与された者と認めようとする動きに抵抗する者は，アカウンタビリティたる概念の性格も監査の社会的機能も理解していない。

3. 監査人の役割を社会が決定すること

　AICPAの監査人の責任に関する委員会（Commission on Auditor's Responsibility）のために書かれた論文「市場経済における独立監査人の役割」において，Mautz（1975a）は，市場経済における独立監査人の役割は最終的には社会的合意によって決定されると述べている。

　　社会は，専門家集団が自ら引き受けている役割を，受け入れるか拒絶するかのどちらかである。すなわち，早晩，専門家集団は，社会に受け入れられる役割を見出すか，もしくは消滅するかのいずれかである。諸条件や目に見えるニーズが変化するにしたがって，社会はそれまで受け入れ可能と考えていた役割を拒絶するかもしれない。それゆえ，専門家集団は，役割の修正や改訂が望ましいかどうかについて，常に注意を払わなければならない。
　（Mautz, 1975, p.2）

　Mautzは，社会には専門家集団の適切な役割のような専門的で複雑な問題に対して理知をもって賛否を表明するのに十分な知識を有している人はほとんどいないことを認めながら，独立監査人は「合理的な役割であると思われることを自ら選択し，かつ，それを完遂することと，当該状況の下でのその役割の妥当性を他者に納得させることの両方に着手しなければならない。もし，いずれの目的も達成できないなら，専門家集団は行動を修正して，社会が受け入

れ，かつ自ら遂行可能な役割を見出さなければならない。」と結論づけている。Mautz は次のような警告を付け加えている。

　専門的能力を持つ少数派は，単に多数派に従うのではなく，多数派を先導するよう努力しなければならない。そうするために，少数派は，自らが示したリーダーシップの合理性を他者に納得させる義務を負うことを認めなければならない。かつて社会が専門的知識を持つと主張する者に簡単に従う時代があったとしても，そんな時代はもはや過ぎ去ったように思われる。消費者重視を謳う現代社会においては，すべての生産者に対して，受け入れ可能な価格で受け入れ可能な製品について市場の需要を満足させるだけでなく，製品と価格双方の社会的な望ましさの正当性を立証することが求められている。

　本書における理論的アプローチの基礎にある根本原理は以下の命題に従う。監査はアカウンタビリティを確保するための社会的統制機構である。監査人や監査に係る政策決定者が負う義務は，監査機能は動的な機能であり静的な機能ではないことを常に念頭に置きつつ，独立監査に対する社会のニーズや期待が何であるかを知るよう努めることと，実践上の制約および経済的な制約による限界があるなかで当該ニーズを満足させるよう努力することである。

第2章

基礎的公準

第1節 序　論

　監査は，特に過去100年余りを通して，先進社会のあらゆる部門において発展してきた機能である。すでに確認したように，どんな国であれ，その文化，制度および規制を巡る環境の持つバイアスに起因する避けられない限界が存在するけれども，一般原則を導出することで，一般に適用可能な理論を展開する際の基礎を提供することができる。

　歴史的にみると，監査は数世紀にわたり，金銭および財産に関わる会計の誠実性や正確性に関わってきた。ここにいう金銭および財産には，国の業務に関わるもの，中央および地方政府や他の公共団体によるサービスの提供に関わるもの，初期の商人・地主・冒険商人・製造業者，およびあらゆる形態の商業および工業に従事している者による商用に関わるもの，さらには，規模の大小にかかわらずその他の機関や組織の取引に関わるものがある。金銭やその他の資源の保管，農業・不動産経営・貿易・製造・サービスの提供やその他の活動における管理，および指定された目的に向けたそれらの運用，こういったことに関わる受託責任とアカウンタビリティこそ，その責めを負う者による履行が監査の対象となってきた義務であった。

　監査の目的は，元をただせば，これらの義務が誠実に，（法律や具体的な指示に従って）適切かつ規則正しく履行されたかどうかを調べることであった。時が経つにつれ，誠実性，適切性および合規性という意味でのアカウンタビリテ

ィ概念は，成果に関する新しい基準が利害関係者集団の期待に基づいて進展するに従い，拡張してきた。業務監査や経営監査のような特殊な適用形態が開発されてきた。また，アカウンタビリティを測る尺度として，誠実性，適切性および合規性を補完する新たな成果規準が導入されるようになっている。アカウンタビリティの範囲は拡大し，資源の管理以上のことを含むようになってきた。しかしながら，基礎にある根本原理は変わらない。すなわち，監査の目的は，定められた責任を負う特定の人物による行為（あるいは不作為），意思決定，業績，ステートメントあるいは報告書を調査およびレビューし，これら行為等を一定の規範と比較し，かつ，当該調査，レビューおよび比較の結果に関する意見を形成し，またそれを表明することである。

第2節　公　準

監査の理論構造を構築するための，また，監査という現象を認識するための出発点は，上述のような監査の進展の跡を観察することと，社会の期待と現在の監査機能に関する入手可能な証拠から監査の性格に関する先験的な仮説を作り出すことにある。以下に続く命題は，監査公準として提案するものであるが，ここでの提案は，これらの命題が監査理論の構築を可能とさせる基本原則を含んでいることに基づいている。これらの命題は，立証不可能な原則であるという意味で公準として提案されている[1]。これら命題は監査についての仮説であり，その真実性，妥当性および整合性は理論構造の展開において論理的推理（logical deduction）によりテストされるであろう。順当にいけば，論理にのっとった推理により確かめられた命題の妥当性は，経験的な証拠により立証可能となるはずである。

公準の主要な目的は理論展開の基礎を確立することにあるが，加えて，公準は監査の本質的な性格を記述するとともに，現実化する可能性のある監査状況と比較するためのモデルを定める。基礎的公準に関連する条件を満足させることは，必ずしも監査が行われることを意味しない。そのことは，単に，必要と

されたら監査を行い得ることを意味するだけである。公的アカウンタビリティという状況の場合，基礎的公準に関する条件を満たしていることは公共の利益のために監査を行うべきことを意味するかもしれない。関連する条件のうちのいくつかを満足させるが，すべてを満足させるわけではない場合，アカウンタビリティのうちのいくつかの義務を監査が監視するように公的あるいは私的な要請があるとしても，そのことは監査の遂行を可能とするのに十分とは思われない。この特殊なタイプの調査—監査—は，たとえ要請があったとしても，必ずしも実施可能ではない。条件のうちの1つあるいはそれ以上を満足させることができない場合があるからである。たとえば，アカウンタビリティという状況の存在（公準1）は，たとえそれがどんなに重要であると考えられるとしても，仮に，成果を判断する際に参照できる適切な規準が確立も合意もされていなければ，監査が遂行可能であることを必ずしも意味しない（公準5）。有益な調査と報告を実施できるが，それを監査であると説明すべきではない。

現実的には，いずれの公準であれ特定の状況の下でその重大さを判断する際には，重要性（materiality）の程度を考慮する必要がある。しかし，もし，「監査」の地位，権威および一般の人々からの評判を維持したいならば，一般則として，公準の厳密な適用が非常に望ましい。現在の実務や文献を調査してみると，たとえば，ときおり，経営監査と経営コンサルティングとを混同して，それらを区別しない場合がみられる。いくら社会監査に価値があるとしても，現在の発展段階では，社会監査における調査と報告を7つの公準が示す条件に照らして判断した場合，社会監査に「監査」としての地位を認めることについて一定の留保が付けられるかもしれない。

しかしながら，もし，現在，社会的統制のための質の高い手段として疑いもなく認められている監査の価値が，調査や報告を説明する言葉として監査を用いることで損なわれることのないようにすべきであるならば，こういった例は「監査」に関する明確な規準を策定することの重要性を指摘しているにすぎない。調査や報告は，それらに固有の性格を持っているために，監査を特徴づける監査に特有の独立性やその他の性質を持っているはずがないのである。

それゆえ，上述の前提の下で，以下の基礎的公準を，監査理論を構築し実践に関わる原則を策定するための最も確実な枠組みおよび基盤として提案する。

1 監査が成立するためには，次に掲げる主要な条件のいずれかが満たされていることが必要である。
   (a) 二もしくはそれ以上の当事者間におけるアカウンタビリティ関係の存在。アカウンタビリティ関係とは，ある当事者が他の当事者ないし当事者集団に対して容認可能な行為もしくは成果を実現させる義務を負っていることを指す。
   (b) ある当事者からの，自身がその作成責任を負う情報の信頼性と信憑性を証明したいというニーズ。当該情報は，ある特定の集団あるいは諸集団が利用しかつそれに依拠することが予想されるものである。その特定集団の構成員は一定でもなく，また個別に識別できるわけでもない。こういったニーズがアカウンタビリティ関係を積極的に作り出す。
   (c) ある当事者の行為あるいは成果が公共の利益に関わる側面を有していること。それは，結果として公的アカウンタビリティという状況をもたらす。あるいは，
   (d) ある当事者が提供した情報もしくは行った言明の真偽を証明することに対するニーズもしくは要請。当該情報もしくは言明は，一般の人々あるいはその一部のうちの特定化されない構成員の行為に影響を及ぼすことを意図するものか，あるいは影響を及ぼす可能性のあるものである。こういったニーズもしくは要請が公的アカウンタビリティという状況を積極的に作り出す。
2 アカウンタビリティの対象となる主題が隔離され，複雑であり，そして／あるいは極めて重要であるために，監査プロセスがなくては当該義務の履行を立証することができない。
3 監査の本質的で顕著な特徴は，その地位の独立性と調査および報告に対

する制約からの自由にある。
4 監査の対象となる主題，たとえば，行為，成果もしくは業績，あるいは事象もしくは状況に関する記録，あるいはこれらすべてのことに関する言明もしくは事実は，証拠による検証を受け入れることができる。
5 アカウンタビリティ，たとえば，行為，成果，業績，および情報の質に関するアカウンタビリティの基準を，アカウンタビリティの義務を負う者のために設定することができる。実際の行為，成果，業績および質等は既知の規準を参照することにより，それらの基準に照らして測定および比較することができる。また，その測定と比較のプロセスには，特別な技能と判断の行使が必要である。
6 監査対象たる財務諸表およびその他の計算書やデータの意味，意義そして意図は十分に明確であり，監査の結果としてそれらに付与される信憑性を明確に表現しかつ伝達することができる。
7 監査は経済的あるいは社会的なベネフィットを生み出す。

1 監査成立のための第一条件は，アカウンタビリティ関係，あるいは公的アカウンタビリティの状況が存在していることである。

　監査はアカウンタビリティのプロセスに不可欠な要素であり，それゆえ，アカウンタビリティに対する要請が存在することが監査成立の第一条件でなければならないが，本公準をより良く理解するためには，アカウンタビリティについてある程度詳しく説明する必要がある。アカウンタビリティは複雑な概念であり，監査の文脈ではさまざまな状況を識別することができる。
　上記の公準1 (a) に関してよく知られた状況がある。そこでは，2つの当事者を具体的に識別することができ，またそれらの間の関係は直接的である。会社の取締役は，その社員，つまり株主に対してアカウンタビリティの義務を負う者である。組合，団体あるいはクラブの選挙で選出された委員会や任命された役員は，それら組織の構成員に対してアカウンタビリティの義務を負う者で

ある。政府の場合，それと状況は似ているものの同じではない。任命された役人は，第一に政府のうちの選挙で選出された構成員に対してアカウンタビリティの義務を負う者であり，次に，選挙で選出された構成員は選挙民に対してアカウンタビリティの義務を負う者である。役人は選挙民に対して間接的にアカウンタビリティの義務を負う者であるが，選挙で選出された構成員はアカウンタビリティを引き受ける責任がある。また，選挙で選出された構成員は複数のアカウンタビリティの義務を負うことがあり得る。つまり，選挙民だけでなく，行政における階級と組織上の取り決めに従い，行政の上位階級あるいは国際機関に対してもアカウンタビリティの義務を負う者である。たとえば，地方，郡，地域もしくは州の行政府は，中央政府から資金を得ているか，あるいは特定の機能に関してはその代理機関であることがある。それゆえ，この点では中央政府に対してアカウンタビリティの義務を負っていると言ってよい。後で述べるように，行政サービスとの関連で，公的アカウンタビリティの義務もまた存在する。政府は，全体としてコミュニティの構成員に対して，彼らが選挙民であるかどうかに関わらず，彼らの利害に応じて特定の義務を負っている。

　以上のケースでは，当事者間に明確に認識できる責任の系列が存在する。つまり，一方の当事者が業務を遂行し，その成果に関して責任を負い，かつ，その成果について説明を与える義務が存在する。その説明には金銭的な観点からのステートメントが含まれることがあり得るが，概念的に考えれば，説明をこれに限定すべき理由などまったくない。考慮しなければならないのは，当該義務が満足な形で履行されたかどうかについて利害関係者が最善の判断を下すことができるための規準である。

　本質的な原理は次のとおりである。上記すべてのケースにおいて，第一当事者の行為は別の集団による精細な吟味を受ける。それら集団は，第一当事者の成果が事前に定められていた規準を参考にしたうえで期待されるところを下回っている場合には，第一当事者に対して何らかの制裁ないし罰則を発動あるいは課する立場にある。第一当事者は，説明を与えること，情報を提供すること，あるいは情報へのアクセス手段を提供することを求められる。そういった説明

や情報は，アカウンタビリティの義務を負う対象である集団が意思決定を行う際の基礎となる。

　公準1 (b) のケースは次のような場合に相当する。ある当事者が説明あるいは情報を作成する。その説明あるいは情報は一般に入手可能である。また，識別可能な集団が，当該当事者に影響を与え得る行動との関連で，その説明あるいは情報を利用し，かつそれに依拠する可能性のあることが知られている。識別可能な（諸）集団を構成する個人は変わることがあり，また個別には識別されない。それゆえ第一当事者はそれら構成員と継続的で直接的な関係を有しているわけではない。説明あるいは情報の質は当該利用者にとって重要であり，第一当事者はそのことを理解しているので，積極的にアカウンタビリティ関係を作り出す。ただし，それは法律によって定められているのではなく，実際上，現実に存在しているものである。こういったケースは，貸付者，卸売業者，潜在的な投資家，投資アドバイザーや従業員とその代表者による会社財務諸表の利用が相当する。第一当事者にとって説明あるいは情報の信頼性と信憑性を世間に認めさせることが重要であり，そのことが監査成立の第1条件となる状況を創り出す。

　政府，公共団体，国際機関，慈善団体および類似の組織は，そのなかにはアカウンタビリティの義務を負う対象となる直接的な顧客層をまったく持たないものがあるが，それら組織の機能のうちのいくつか，あるいはすべてについて，それを果たす仕方に関して公的な責任を負っている。とりわけ，組織の機能を遂行するために提供を受けた資金に関連して，資金の源泉，—税金，貸付金，補助金，寄付金，基金，助成金等—が何であるかに関係なく，当該資金を提供された目的にのみ運用すること，効果的に運用すること，そして効率的に管理することを確保する義務をそれら組織は負っている。ここに言うアカウンタビリティたる義務は公的なそれであり，それが監査成立のための第一条件を創り出す。

　こういった状況は，主に専門的サービスの提供という形で公的な機能を独立した立場で遂行する個人あるいは個人の集団にも当てはまる。当該サービスを提

供する際の効率性や有効性に関して，アカウンタビリティとしての義務が存在する。このアカウンタビリティの義務は，監査成立のための第一条件を満足させる。この1つの例は，医療監査であろう。医療監査は，医療サービスの質をある定められた規準を参照することによりレビューすることに関わっている[2]。

最後に，上記公準1 (d) のうちのかなり例外的なケースがある。そのケースでは，一般の人々への情報公開がアカウンタビリティの義務を情報公開者に負わせることになる。そこには正式なアカウンタビリティはまったく存在しないし，一般の人々はその情報を無視する自由を持ち得る。情報公開者が当該情報を一般の人々に受け入れて欲しいと考えているという事実と，情報公開者の地位に由来する外見上の権威を原因とする誤った情報が公共の利益を害する可能性があるために，アカウンタビリティの義務が，そして，また監査成立の第一条件を満足させる状況が生じる。他の公準が示す条件を満足させることができるかどうかは，各ケースで検討対象となる問題である。このケースに当てはまる状況のタイプは，新聞の発行部数の公表である。これは，おそらく現在および潜在的な読者に良い印象を与えるために行われるが，当該情報の価値は，独立的な検証を受けなければ，すなわち，アカウンタビリティが立証されなければ，限られたものとなる（広告主あるいは潜在的な広告主に関する情報は，それが真実であることを証明する必要が確かにあるけれども，公開される必要はない）。

これが真に監査を生じさせる状況であるかどうかについては，おそらく議論の余地がある。個々の状況において，量的あるいは非量的な情報あるいはステートメントを，定められた規準に照らして証明することが必ずしも監査というわけではない。権威ある者による証明は社会における有益な機能であり，通常，監査人を連想させる専門的技能や資格を必要とする。結果として，監査人の権威はこういった状況の下での証明あるいは認証に由来するのかもしれない。これまで提示してきた監査の概念に従えば，こういった事実のみによって上述の活動が監査であるとみなされるわけではない。それら活動のすべてを監査のカテゴリーに含めることは，結果として，監査概念の拡張につながるであろう。範囲の境界を設定することにはある程度，不確実性が避けられないにち

がいないが，公準の厳密な適用が非常に望まれるところである。

2 アカウンタビリティの対象となる主題が隔離され，複雑であり，そして/あるいは極めて重要であるために，監査プロセスがなくては当該義務の履行を立証することができない。

　本命題は，第1公準が定めた状況のうちで，アカウンタビリティを確保するために監査に頼ることも，アカウンタビリティの義務をどのように履行したかについて利害関係者集団に知らせることも必要としない状況が存在することを認めるものである。本公準は，アカウンタビリティが必要とされる状況のうちで，結果として監査が必要とされる状況が持つ固有の特徴を識別する。また，本公準は，これまで監査対象とはならなかったアカウンタビリティの問題が社会によって監査対象の範囲に含められる必要があると認められるようになる理由を説明する。

　利害関係者集団が，アカウンタビリティのすべてあるいはある側面について，自ら情報を手に入れる能力を持っているという状況がある。容認可能性の規準が非常に個人的あるいは主観的であるために，利害関係者集団だけが自分を満足させることができるという状況がある。また，利害関係者集団が未監査の状態にある情報に依拠する覚悟があるという状況がある。本公準が示す命題は，監査がアカウンタビリティを確保するために必要な要素の1つであることを決定づけるのは遠隔性，複雑性および重要性といった事情である，というものである。もちろん，遠隔性，複雑性および重要性には程度があり，これらの程度が増すとそれだけ，アカウンタビリティを確保するために監査が実施されることの重要性が増すであろう。

　この文脈において，遠隔性とは，利害関係者集団がアカウンタビリティに関わる問題に関して，自己を満足させるための手段にアクセスする上で障害があることを意味する。それは，データ源泉から地理的に離れていることが，たとえば，会社の分散した株主や政府に関係する選挙民に影響を及ぼす，という問

題だけではない。個々の当事者が原始データにアクセスするために独自の手段を取ろうとしても，法律的に，組織上，時間あるいはコストの面で困難を伴うかもしれないのである。

たとえこういった困難がない場合であっても，アカウンタビリティの義務を負うことになっている業務が複雑である，また，ある場合にはその業務に関する記録が複雑であるために，それらを調査するのに必要な専門的知識と資源の規模が，たいていの利害関係者の個人的能力を超えており，専門家の支援なしではやっていけない場合がある。このような調査をすべての利害関係者に反復して行わせることは，監査される側にとっては耐え難く，また，資源のまったく無駄で非経済的な利用と言えるであろう。

最初期の法人企業では，取締役の行為や成果は，その誠実性，会社に関わる法律や規制の遵守，および利益と配当の額によって判断できるものと考えられていた。それ以前の法人化されていないパートナーシップあるいはジョイントベンチャーの状況と比較すると，取締役と他の利害関係者集団，それには株主資本の提供者のみならず，有限責任制度の導入に伴いリスクを負うことになる貸付者や卸売業者も含まれるが，両者が分離されたことによって，監査は必要とされるようになった。100年以上の期間をはさんで，事業活動，企業構造および取締役の責務がいっそう複雑となり，資本市場はより洗練化され，株主集団の構成は規模が拡大するだけでなく，投資信託会社，金融会社，保険基金，年金基金および類似した組織の発展に伴い変化し，他のステイクホルダーの権利や利害が公式あるいは非公式に認識されるようになり，法人の事業活動に関わる責任に関する社会の考え方にも変化がみられるようになってきた。結果として，アカウンタビリティの概念はいっそう複雑となり，そのことが監査への期待の高まりにつながった。

同様に，あらゆるレベルでの行政機能の範囲の拡大，それが管理する資源の規模，また提供するサービスの高度に専門的な性格により，アカウンタビリティを確保する上での監査の重要性が新たに強調されるようになっただけでなく，成果の質を判断するための新たな規準の開発が必要とされるようになると

ともに，開発が刺激されるようになった。

　最後に，公的および私的組織がアカウンタビリティたる義務を履行するその方法は，自身の顧客層に対する効果の点だけではなく，より広く社会に及ぼす影響の観点からも大なり小なり重要である。組織の成果と組織が成果について提供する情報は，直接の利害関係者集団，たとえば，株主あるいは選挙民にとってその重要性が増すにつれてそれだけ，その欠点や不十分な点が持つ意義もまた重要となり，それゆえ成果を監視し，かつ情報を検証するための監査もまた，ますます必要となってくる。この文脈における「意義」とは，成果そして／あるいは情報が利害関係者集団の判断や意思決定に対して持つ相対的な重要性を意味する。たとえば，会社財務諸表の質や情報開示の程度は，経営者の成果，会社の将来見通しや，投資，貸付もしくは信用供与に関する意思決定にとって必須の情報である。財務諸表は，また，課税，社会的な成果に関する判断や賃上げ要求案の策定に係る評価のために必要な情報の一部を構成する。情報の意義は，留保条件がなく，かつ独立した立場にある権威者によりその信頼性と信憑性を確保することが不可欠である，というところにある。

　本公準の妥当性は，また，公的なアカウンタビリティを負うと理解されている組織において国が監査を社会的統制の手段として利用してきた点，あるいは，公共の利益に関係がある私的なアカウンタビリティについて最低限の基準を定めることが必要であるとみられてきた点からも例証することができる。法人化された会社，銀行，住宅金融組合，地域や郡の政府，公益企業，パブリックボードやその他の類似組織は，遠隔性，複雑性および重要性が増すにつれて，ますます詳細かつ明細に年次財務諸表を作成かつ公表するだけでなく，それらが監査を受けることを要求される。監査による年次財務諸表の証明が，法人化されていないすべての組織に対してはいまだ法律によって要求されていないことは，おそらく非常に小規模な組織の場合を除けば，多分奇妙なことである。意見の趨勢は，社会におけるすべての組織に対してこれまでに増してアカウンタビリティを求めるだけでなく，アカウンタビリティの開示を要求することにある。少なくともその理由の一端と言えるのは，法人化されていない組織の行

為が私的関心のみならず公的関心の対象とみられるほどに,当該組織の社会との交渉や関係の複雑性や重要性が増してきていることである。アカウンタビリティと強制的な監査に係る基準を規定することは,そのことのほとんど避けられない帰結である。

3 監査の本質的で顕著な特徴は,その地位の独立性と調査および報告に対する制約からの自由にある。

監査プロセスの決定的な特徴は,監査対象である組織とその構成員から監査があらゆる意味で独立していなければならないことにあることを,監査に関する社会の期待と監査現象が現れてきた状況が留保条件なしに実証している。これは,監査における物の見方や監査判断の形成が完全に客観的であること,以前に監査対象に関与したことによる先入観がないこと,監査の結果あるいはその帰結に関わる利害関係による妥協がないこと,当面の問題とは無関係な事項を考慮することによる偏見や影響がないことを,意味する。監査が権威と承認を手に入れているのは,主としてその独立性を基礎にしている。監査プロセスが適用されるあらゆる状況において,アカウンタビリティの義務を負う当事者は,たとえば合意を得た基準および規準を参照することにより行動する,任務を遂行するあるいは報告する義務を受け入れてきた。当該当事者の行為,業績および報告が,どのように義務を果たしたかに関する情報を伝達する。彼らは,それに基づいて自身を判断されることになる情報の内容をコントロールする,あるいはそれに影響を及ぼし得る立場にある。彼らは当該情報の内容や質に対して利害関係を有している。当然のことながら,どんなに公正な精神の者であっても,自らの行為や業績がどのように報告され,判断されるべきかについて公平無私な見方をとることは不可能であるように思われる。自分の都合で自分の行ったことに関する外部者の理解に影響を及ぼしたいと考える者もいる。監査の目的は,アカウンタビリティを確保することにある。一般の人々は,アカウンタビリティの義務を負う者が自身のアカウンタビリティに関して作成した

情報に偏りがないことについて，当然，懐疑心を抱いているが，その懐疑心を和らげることができるということが監査の本質なのである。アカウンタビリティを確保し，関係する一般の人々を安心させるためには，監査はその行為等が監視の対象となる者から完全に独立していなければならない。もし，どんな程度であれ，監視対象者から影響を受け，コントロールされているとしたら，必然的に監査は，監視対象者のアカウンタビリティの水準に関する理解やそれに対する信頼に対して，ほとんど何も，究極的にはまったく貢献しないであろう。

　監査の目的は，熟達しかつ情報に通じた者が重要で複雑な問題に関する監査報告と意見の表明を行うことにあり，その過程で，アカウンタビリティの義務を負う者がすでに実施した事項に関して判断を下す。その社会的な目的を達成するのに必要な専門能力と権威を持ってこれを実行可能とするために，監査の実施と情報へのアクセスは少なくとも被監査側のそれと同等でなければならず，また，被監査側による指図や制約から自由でなければならない。監査完了時点で，監査意見と報告は，それを受け取る権利を有する者が自由に利用できるものでなければならない。場合によっては，このことは公表を意味するかもしれない。

　調査や証拠の探求の自由に対するあらゆる制約，あるいは報告の自由の制限は不可避的に監査意見および報告の留保につながり，監査の権威を傷つけ，かつ，監査の社会的目的の達成を阻害する。

　こういった主張は実務において十分に例証されている。独立性は政府監査の主要な原則の1つである。すなわち，政府監査は行政による指揮と統制から自由でなければならない。Normanton（1966, p.298）はこの原則を解釈して，「アリストテレスの時代から，政府監査人は，権威者やその業務に対して監査が要求される者による指示，影響や脅しから，それらの者からの利益や報酬から自由であるべきだ，ということが原則として受け入れられてきた。」と詳述している。彼はこの問題を次のような表現で強調している。すなわち，「政府監査人は誰も，少なくとも政府監査人の長は，独立性なしではやっていけない。批評に際して公平で何ものも恐れないでいるためには，裁判官に独立性が必要で

あるように政府監査人には独立性が必要なのである。また，政府監査人は批評の結果を公開する報告書で公表できるために独立性を必要とする。」と。会社の場合，取締役は経営成績および財政状態に関する真実かつ公正な概観を与える財務諸表を開示する法的義務を負っており，それを怠ると職務違反となる。監査の権威と価値は，監査人が当該概観に関する意見の表明に際して独立した立場でそれを行うという事実に完全に由来している。もし，監査人が独立していなかったら，その意見はほとんど，あるいは何も価値を付与しないであろう。内部監査は，内部者であるという理由でその独立性が限定されており，組織内で指示や統制の対象となる。しかし，監査対象となる範囲内では，内部監査は独立していなければならず，調査，レビューおよび評価の対象となる事項の実施に関係してはならない。

　監査の権威の源としての監査の独立性なる概念は，監査概念それ自体の持つ意味の中心を成すため，監査の理論構造において1つの独立した要素を構成する。何が独立性を構成し，またそれを裏づけるのか。独立性は監査人個人の性格や資格の観点からみれば何を意味しているのか。独立性は規定上および組織上の取り決め（arrangements）の観点からみると何を必要としているのか。そして，独立性が存在していることについて，一般の人々の信頼を創り出しかつそれを維持するために必要とされるものは何か。以上のことについて，理解することが不可欠である。こういったことについての理解がなければ，監査は存在し得ない。

4　*監査の主題，たとえば，行為，成果もしくは業績，あるいは事象もしくは状況に関する記録，あるいはこれらすべてのことに関する言明もしくは事実は，証拠による検証を受け入れることができる。*

　監査はアカウンタビリティを確保するプロセスの一部である。監査は，アカウンタビリティに関係する者以外の者による検査であり，アカウンタビリティたる義務がどのように履行されたかを調べ，報告することを目的とする。監査

は，精細な吟味の対象である問題に対する調査過程であり，*事後的な*検査である。監査に求められているのは，熟達しかつ情報に通じた者による意見である。

　監査は，調査，検査，検討，評価および評定を含み，一般的に過去の期間あるいは時点に係る行為，成果，業績，事象，問題状況あるいは言明をその対象とする。しかしながら，監査はこれらに関する将来予測にも関係しているかもしれない。監査からその他のベネフィットも得られるけれども，主たるベネフィットはその調査の結果として得られる監査人の報告と意見である。

　監査人が報告し意見を表明しなければならない問題について情報を得ることのできる唯一の方法は，当該問題に関係する証拠を入手することである。証拠がなければ，監査人は判断を形成し，また意見を表明するための基礎を何ら持たないことになる。もし，証拠がまったくなければ，監査は実施不可能である。監査を受けるべきことを提案されている問題が証拠による検証を受け入れない，たとえば，それらが完全に主観的なものであり，確証のための外部の独立した源泉もないような意見の問題であれば，監査は実施不可能である。

　証拠の性格，質および説得効果はさまざまである。証拠は監査の主題となる問題に関係する多くの源泉から得られる。監査証拠は，口頭的証拠（質問への回答），文書的証拠（記録やあらゆる説明に関わる公式および非公式の文書），物理的生産物，そして，判断および統計的推論や確率を基礎にした体系的な推論の結果（たとえば，会計システムおよび内部統制の調査や，財務業績に対するアナリティカルレビューから得られる）を含んでいる。

　意見を裏づけるために必要な証拠は，その意見が満たすべき条件に依存して決まるが，その条件は監査人が請け負う委託事項，つまり，監査が負う責任の性格から導きだされる。

　正当と認められるやり方で意見を形成し，また報告できるために，どれぐらいの量の，どういった種類の証拠が必要か，またさまざまなタイプの証拠をどのように組み合わせることが必要であるかを監査人が判断することは，監査人個人の専門的技能の問題である。Mautz and Sharaf（1961, pp.43, 68）が説明するところの，十分で「適格な証拠資料」が存在しなければならない。彼らは，

「検証」とは,「与えられた命題について監査人をある確信度へと導く手段である。」という。

監査証拠の理論は監査理論の中核にある。理論的枠組みを展開するためには,監査証拠の特性の識別と分析,そして,さまざまなタイプの証拠が持つ説得的価値に関連して確率論や統計的推論に関する解釈が必要となる。そのような基盤があってはじめて,監査実務や手続を体系的に表現し,かつそれらの妥当性を検証することができる。

5 アカウンタビリティ,たとえば,行為,成果,業績,および情報の質に関するアカウンタビリティの基準を,アカウンタビリティの義務を負う者のために設定することができる。実際の行為,成果,業績および質等は既知の規準を参照することにより,それらの基準に照らして測定および比較することができる。また,その測定と比較のプロセスには,特別な技能と判断の行使が必要である。

本命題は,監査の厳密で明確な特徴を述べている。その特徴は監査を,アカウンタビリティの諸側面またはレビュー対象である他の状況に向けたその他の検査あるいは調査と区別する。

アカウンタビリティという概念には,次のことが暗黙の裡に示されている。つまり,特定の状況の下で,2つあるいはそれ以上の当事者集団が行為,成果または業績,情報あるいは報告の種類に関連して必要となる基準に関して,一定の理解を有していることである。行動に責任を負う,それゆえアカウンタビリティの義務を負う当事者集団は,当該義務の観点からいかなる基準が予想されるかについて知っておくべきである。アカウンタビリティとしての義務の履行対象である当事者集団は,こういった基準に関して期待を持っている。それら基準が明確に定められていること,両当事者間で理解が一致していることが重要である。

当事者間で直接的なコミュニケーションが成り立つなら,意見の相違は解消

され，アカウンタビリティとしての義務の履行対象である当事者集団は，行為，成果および財務諸表が容認可能であるかどうかについて，自身による主観的な判断を行使できる。しかしながら，監査という状況下では，義務と期待は明確に示されなければならない。監査人は合意された規準を持ち，それと行為，業績，情報あるいは財務諸表を比較するよう求められる。

　もし，監査人が組織ごとにまた機会ごとに独自の基準を設け，調査を実施し，検出結果を報告するとしたら，そのことには興味があるし，また価値のあることと言ってよいかもしれない。しかし，それは利害関係者集団のいずれをも満足させることができないように思われる。監査される側は，自分たちの負う義務に関する解釈としては見当違いなものであるとしてそれを拒絶するであろう。監査の受益者は，自分たちの期待にそぐわないものとしてそれを拒否するであろう。そういった監査のやり方の一般的な有用性はごく限られたものにすぎないであろう。というのも，類似した組織間でさえ結果の一様性が存在しないし，また，利用者はケースごとに監査の基礎としたことについて教えてくれるよう要求するであろうからである。

　もし，行為，成果，業績および情報の質に関する基準を，関連する報告書あるいは財務諸表において，すべての利害関係者集団に理解可能で容認可能な条件で明示できないとすると，監査を説明するための基盤がまったくないことになる。概念としての監査は1つの普遍的な意味を持つ。しかし，監査の操作的な解釈はアカウンタビリティに関する個別の定義に固有のものと言える。

　アカウンタビリティを測る主要な尺度が何であるかを知ることが不可欠である。誠実性，合規性および合法性，収益性，経済性，効率性，有効性，それとも他の要因か。これらのいずれについても簡単な説明では不十分である。具体的な規準が必要である。

　誠実であるという義務は十分に明白であるように思えるが，この場合でさえ明確化が必要である。組織内では誠実さが求められる。しかし，また，一方で組織，その取締役および経営管理者と，他方でその出資者，あるいは「社会における関連顧客層」との間でも誠実さが求められる。しかし，誠実性とは正確

に言えば何を意味しているのか。加えて，組織を指揮，運営あるいは管理する者もまた責任を負っているので，監査人の責任は組織のどのレベルで始まりそして終わるのか。組織とそれと取引を行う他の集団との間の関係に対する社会構成員の姿勢は，不確実で，混乱しているかあるいは両価的であるように思われる。「利益供与金」あるいは「疑義のある支払い」は，どれぐらい「誠実」であるのか。「賄賂」あるいは疑義のある支払い，または違法な支払いは，もしそれらが組織のベネフィットのために行われるとしたら好ましくないことなのだろうか。

　この問題や類似の問題に関する公の論議は，不確実な状況を露わにし，それゆえ監査人を意に満たない状況へと置き去りにする。真実性，誠実性や高潔さに関する監査人の個人的な基準は絶対的なものであるに違いない。監査人はこういった疑いのある取引について，それらが何のためになされたかを識別しなければならないが，各々の特定の監査に関して，監査人は何を誰に対して報告する義務があるのか。監査人の責任は，特定の人々あるいは特定のクラスの人々に対するものであり，一般的に監査人は道徳の水準に関しても法の執行についても，一般の人々に対して無制限の責任を負っているわけではない。

　誠実性の規準を設けることには必然的に困難が伴う。しかし，たとえば，経済性，効率性，有効性，支出に見合う価値，無駄と浪費に関する客観的な尺度を設けることはさらに大きな問題を露呈させる。失政かどうかを判断するための客観的な基準とは何か。もし，法律が十分に詳細かつ明確であれば，財務諸表が法律の規定に準拠しているかどうかを判断することはそれほど難しいことではないかもしれない。しかし，その他の報告に関する基準はそれほど明確ではない。報告における「適正性」，財務諸表における「真実かつ公正な概観」は十分に定義されていないが，運用上実行可能であることに十分に広い理解が得られていることが合意されていなければならない[3]。この言葉を「*一般に認められた会計原則に準拠して適正に表示している*」と解釈することで精緻化することは，問題をすり替えたにすぎない。「原則」，「承認」，また「適正に」が主観的な意見の問題であると主張できるとすれば，問題を解決したことには

ならない。

　これらはすべて，行為，成果または報告の基準であり，行政，政府，商企業および製造業で広く適用されている。もし，実際の行為等を期待するところと比較することになっており，その比較結果に関する報告から影響が生じ，仮にその行為等が監査が開示している限界値に遠く及ばない場合に罰が科されると予想されるならば，これら基準に関する規準が確立されていること，利害関係者集団の間でそれらがどんなものであるかについて合意が存在すること，そしてそれらを監査人に伝達できることが肝要である。

　監査は統制機構の一部である。利用する状況によっては，監査は社会的統制機構の一部となる。統制はその性格からして自由に対する制約である。したがって，監査のもたらす制約の条件と限界について合意があり，かつそれが明示されていなければならない。さもなければ，不当な制約により行為の有効性と責任の承認が抑制されることになるかもしれない。あるいは効果のない統制となるかもしれない。

　しかしながら，重要な問題は，監査人が明確で具体的な委託事項を受け入れなければならないということであり，それは継続的な監査契約に関しては変更がなされず，また同種の監査契約の間では整合性があり，かつ客観的で具体的な指示が可能であるものでなければならない。さもなければ，ここで提示している概念モデルを満足させる監査を実行することは不可能である。監査の社会的目的は，組織の種類ごとに，また監査のタイプごとにアカウンタビリティの基準が確立された場合にのみ達成可能となる。

　すでに指摘したように，たとえば，経済性，効率性，有効性，あるいは収益性の規準を明示することには固有の難しさがある。アカウンタビリティに関する他の尺度にはさらに大きな問題を生じさせるものがあるかもしれない。あらゆる組織は，多くの相矛盾する目標ないし目的を持ち，資源に対する需要の間に競合がみられ，また，成功ないし業績を測る長短期の尺度を持っている。

　取締役，経営者，行政官，あるいは各組織におけるその他の適切な意思決定者は，不確実な状況の下で，自らの知識と能力の範囲内で行動しなければなら

ない。一方で監査は，通常，結果が現実のものとなり，早い段階での不確実性が解消された時点で，後知恵のメリットをもって行われる。監査人は，選択された意思決定あるいは行動，もしくは実施された取り決めが，その状況下で，またその時点で利用可能な知識を用いて満足のいくものであったかどうかを検討しなければならない。こういった実務に固有の難しさはさておいて，理論上の問題は，かなり主観的なものである基準のための明確な規準をいかに考案するかということである。もし，完全であることが基準ならば，不確実性ある状況下では，行為もしくは成果はほとんどいつも満足のいかないものであることを避けられはしない。たとえば，もし最大利益が基準であるとすると，これを判断する際の時間尺度は何であるのか。また，それを達成するために緩和しなければならない制約事項は何か。労働条件への配慮か，雇用条件か，環境保護か，汚染の回避か。

　特に政府や行政における経済性，効率性および有効性は，政策や政略の問題に強く依存するか，もしくはそれらによる制約を受ける。政策のレビューは，経済性や効率性の監査とは別の活動である。それゆえ監査人は，政策決定のなかに潜在する不経済や非効率を，政策を実際に遂行した際に陥ったそれと区別することが要求される。有効性を評価するためには，政策目的を計量化できるか，あるいは具体的な条件で提示できることが必要であり，そうすることで，比較のために結果を同じ条件で表現することができる。とりわけ，政府や行政においては，これは特に困難な問題である。

　所与の政策の文脈において経済性，効率性および有効性を考慮する必要がある一方で，政策決定それ自体が監査による詳細な吟味の対象となる状況が存在する。これは経営監査の場合に当てはまる。そこでは，組織目標が定められており，それゆえ当該目標を達成するために現に進めている政策が吟味の対象となる。政治に関わる政策決定は監査を受け入れる余地はない。それらに関わるアカウンタビリティは選挙民に対するものであり，選挙民が自ら判断を下す。

　経済性，効率性および有効性のような成果尺度による検査は，確立された規準に基づくものでなければ監査とは言えない。

経営監査や業務監査は明らかに難しい点を示している。そういった監査の主題は多様であり，また，それが客観的な測定を受け入れる程度は変化する。業務監査では，組織の目標や目的の達成度を測る尺度を提供することを命じられるが，組織はその目標や目的の定義において，測定のための最も重要な規準を与える。これがいくつかの職務上の役割にブレイクダウンされる場合には，問題はもっと複雑になると思われるけれども。組織を通して，任務，責任および目的がはっきりと示されることが不可欠である。

経営監査は，経営目的，計画および戦略と，責任の遂行の点からみた経営の有効性を吟味することを含んでいる。そのような監査が客観的で自律的な規準を参照することで実施可能であるためには，組織の異なる職務領域に関する，また，多様なタイプと規模の組織に関する専門基準が必要である。監査概念のそういった形での適用に対する社会の期待は必ず存在し，また，その期待の肝要な部分は，経営者が準拠すべき明確な基準が存在するということである。どんな組織，あるいは組織の種類またはグループにおいても，仮に経営に関する明確な基準が詳細な形で明示されていないとする。そうすると，信憑性があり受け入れられているという意味での監査の正統性 (legitimacy) は，当該状況の下で適切であると思われる期待や基準についての監査人による解釈に依拠する。そして，その解釈は合意と理解を得られたフレームワークのなかにある最も重要な規準を参照することで得られる。このことは，すべての利害関係者集団が認める権威を備えたものとしてこれまで用いられてきた規準を，監査人が明示するとともにその正当性を立証しなければならないことを意味している。そういったフレームワークや最優先の規準がなく，また監査人の権威について承認が得られていない場合は，監査の社会的有用性はごく限られたものになるように思われる。

社会監査の場合，社会の期待は，監査過程が社会的アカウンタビリティという，より広い概念に適用されるべきであるというところにある。しかしながら，検討しなければならないのは，成果を測るための詳細な規準をそこで決定することになる大まかな枠組みについて，合意が得られるかどうかである。社会的

責任という概念はいまだあまりに概括的なものであり，また明確な特徴を欠いているため，既知の規準を参照して得た既知の基準に照らして組織の行為を監査可能にすることができない。参考とする枠組みと判断を行使する領域との間のギャップがあまりに広く，「監査人」がその橋渡しをすることができない。このことは，今後も徐々に進んでいく難点だと言えるかもしれない。それは，社会監査という名で行われている業務を低く評価することや非難することを意味しない。社会監査は，今用いている定義に従ってまさしく監査であると主張できる段階にまでは，いまだ進化していないことを示唆しているのである。したがって，社会監査は，この第5基礎公準の重要性を強調するための役に立つ実例となっている。

　これまで言及してきたすべての監査状況において，測定のための規準は大なり小なり明瞭さを欠いている。アカウンタビリティに関する満足のいく基準が設けられ，また実際と期待を比較するための規準が十分に確立され理解されている場合でさえ，監査は単純な検査と照合の過程ではない。主題の複雑性と主観性を理解することや，アカウンタビリティの義務の履行を評価することは単純で機械的な任務ではなく，専門的技能と判断を行使する能力を必要とする責任の重くかつ困難な任務である。監査過程の持つこのような自律的で専門的な性質は，監査の顕著な特性の1つである。

　論点の複雑さは監査の特徴の1つである。監査人が判断を行使することができ，かつその判断が権威あるものとして利害関係者集団によって承認されるのは，監査人が関連分野，たとえば，行政，経営全般，会計および財務の分野において適切な専門知識，技能，そして経験を有している場合に限るのである。

6 *監査対象たる財務諸表およびその他の計算書やデータの意味，意義そして意図は十分に明確であり，監査の結果としてそれらに付与される信憑性を明確に表現しかつ伝達することができる。*

　監査の対象である計算書やデータは，未監査の状態で情報価値を有してい

る。監査の目的は，当該計算書ないしデータの信憑性，意味，重要性，信頼性，正統性，合法性あるいは合規性に関する意見を表明することによって，その情報価値を増大させることである。監査は，計算書あるいはデータの発信者が伝達を意図したメッセージに対して何らかの権威を付与する，あるいは，そうではなく，それをはっきりと否定する。したがって，発信者のメッセージが意味の通じない，曖昧である，あるいは不確実である場合には，それは監査を受け入れることができない。情報あるいはデータが監査可能であるためには，その意図が明確でなければならない。次に，監査証明を利用する利害関係者集団が，監査の結果として情報あるいはデータの質がどの点で変化したのかを理解できるように，監査証明の持つ意義もまた明瞭で，具体的でかつ曖昧さのないものでなければならない。

　監査報告あるいは監査意見で使用する専門用語（terms）は，監査の極めて重要な部分をなす。監査という行動がもたらすベネフィットやその他監査から得られるベネフィットが存在するかもしれないが，監査の主要な利点は，監査人による情報伝達から導き出される。監査人による情報伝達は，それを読み，その主題について正当な関心を持つ人たちに対して1つの回答を提示することを意図している。

　監査人による情報伝達が効果的でなければ，監査目的は達成されない。たとえば，法人化されていない事業組織が，これは財務諸表の作成に対して法的な規制をまったく受けないが，もし作成目的や会計方針に関する陳述なしに財務諸表を開示したら，財務諸表を作成する際の基礎が不明確であるということになる。仮に，監査人がそのような財務諸表に対して，「監査済みでありかつ正確であると認められた」との印を付けたとしたら，この財務諸表に依拠するその他すべての利害関係者集団は危険を覚悟でそうするのだろう。財務諸表と監査報告書の双方が不適切なのである。もちろん，意味が通じない，あるいは曖昧な計算書あるいはデータに対して，監査人が明確な意図を付与すること，そして，前提とした事項についてはっきりと前置きした上で，付与した解釈に対して権威づけすることは可能である。しかしながら，監査というものは，監査

される予定の計算書やデータの意味，意義および意図が明確であるという基盤がなければ，前に進むことができないのである。

7 監査は経済的あるいは社会的なベネフィットを生み出す。

　本公準は，社会における監査の存在を正当化する方途として，コスト対ベネフィットによる検証を重視する。監査は完全に実用的な機能であり，監査が提供するベネフィットがそれを獲得するために費やされるコストを上回る場合のみ，社会的ニーズを満足させる。本命題の持つ意味は，たとえば，監査対象たる財務諸表やその他の計算書およびデータに対して，監査に係るコストを上回る効用が付加されなければならない，ということである。監査がもたらすベネフィットは目に見えないことが多い。それを測定しようとする企ては，これまで上手くいかなかった[4]。監査過程はどんな当事者集団の統制も受けない。なぜなら，そのような統制を課すことは，監査の独立性を侵害するからである。それゆえ，社会は最小限の社会コストでベネフィットを生み出すために監査人に依存している。経済的なコストは，社会がこれを目にすることができるが，そのベネフィットは主観的に評価せざるを得ない。

　すべての監査，特に財務諸表やその他の計算書およびデータの監査では，監査対象である命題あるいはアサーションを裏づける十分な監査証拠を獲得および評価することが業務の大部分である。監査人が命題について確信に到達することはまれであり，証拠の強さに応じた蓋然性を基にした相対的に不確実な立場で意見そして／あるいは報告を形成しなければならない。もちろん，意見を形成するあるいは報告することが可能であるために，監査人が到達しなければならない最低限の確信度というものが存在する。本公準の意義は，ある段階では，監査人が獲得する追加的な監査証拠とその結果として増大する確信度にかかるコストは，それが生み出す社会的善の増加分に照らして測られねばならない，ということである。この点については，Mautz and Sharaf (1961, p.85) が次のように説明しかつ例示している。

コストと時間は重要である。すなわち，取るに足らない金額の資産の存在を確かめるために多大なコストを払うことは合理的ではないであろう。また，たとえ重要な金額の資産の存在の立証でも，もしその他の証拠が十分に説得力を持っており，かつやすく入手可能であるならば，多大のコストを払うことは合理的ではないかもしれない。強制的な証拠と非常に説得力のある証拠との間の相違は，強制的な証拠を入手するために余分のコストを払うことを正当化するほどは重要ではないかもしれない。

しかしながら，重要なことは，ほとんどの監査において考慮しなければならない多くの利害が存在することを，銘記することである。監査は社会的統制機構の一部であり，それゆえ直接的な関係を持つ当事者集団の利害に加えて，考慮すべき社会の利害が存在する。それゆえ，社会において監査の正当性を立証する際に比較すべきなのは，社会的コストに対する社会的ベネフィットの総計である。本公準は監査証拠論に対して重要な意味を持つ。

要　約

　以上の基礎的公準は，監査を社会的な現象と定義し解釈するが，監査理論の展開のための基礎を与えるものである。その基礎は次の3つの主要な領域に分かれる。

　　監査の権威の源泉と監査の独立性の概念
　　監査過程と監査証拠論および報告のための規準
　　監査がもたらす成果に関する基準

　上記の3領域では，理論的基盤と枠組み，およびそこから導出される原則が，健全な実務の開発のために，また実務の健全性と一貫性を検証するための基礎として必要とされる。監査の上記要素の理論的な内容について理解することで，実務に携わる能力を監査人に授けるために研究しなければならない知識領域に関する情報が手に入るであろう。

第Ⅱ部

権　威

第Ⅱ部への序論

　監査は，行為，成果および業績を監視し，その結果を報告する統制機能である。それらの行為，成果および業績は，合意された規準を参照することで測定され，かつ社会の期待を表す確立された達成水準と比較される。監査は組織に関する情報の質を証明するが，当該情報は情報源に直接アクセスできない者が要求し，また，当該情報に対して利害関係を有する者が作成する。監査を遂行する監査人は，請け負った検査の結果として，委託事項の範囲内にある事項について個人的な意見を表明する。監査人の意見は，それが社会的な有用性を持つことができるためには，権威を備えていなければならない。もし，十分で疑う余地のない権威がなければ，監査人の意見は，関連する当事者集団がすでに利用可能な未監査情報に対して，ほとんど何も付け加えることはないであろう。それでは，監査人の意見を価値あるものとさせるその権威の源とは何か。

　監査人の意見は，意見表明の宛名である者が判断を形成し，意思決定を下す際の手助けとなることを意図している。その支援は，関係する者ないし組織による計算書，財務諸表，行為，成果あるいは業績の質に関する情報を監査意見が提供することによりなされる。監査意見はこの支援を，その関係する者ないし組織がすでに与えている情報の信頼性や十分性を確認することで，適切な場合には追加情報を提供することで，また，行為，成果あるいは情報の質が期待水準に合致しているかもしくはそれから乖離しているかという点について報告することによって行う。監査意見は，関係する諸個人が自らの責任をどのように履行したかについて肯定的あるいは否定的な見解を示すものである。

　これら諸個人は，自らの任務を，それを遂行するのに適していると判断されてきたがゆえに保持している。彼らが行ったことに対して監査を実施する理由は，第Ⅰ部で議論してきた。また，第4章でさらに説明する。監査はアカウンタビリティのプロセスにおいて不可欠な要素であり，監査の品質は監査の対象となる者と監査報告書の受け手の双方にとって重要である。当事者集団の権利

と利害は，監査報告から得られる結論により潜在的に影響を受ける。それゆえ，監査の目的を達成させるためには，両当事者集団が監査の権威の存在を信じなければならない。監査の技術的品質，信頼性，誠実性あるいは依存可能性について，少しでも留保条件が付くと，それは監査の権威，そしてそれゆえ，監査結果の承認可能性に対して悪影響を及ぼすであろう。

　このことは，監査人の専門能力，信頼性および誠実性に対する信用がなければならないことを意味している。監査人が監査の主題も監査の方法も理解していない，また，監査人の誠実性，高潔さ，信頼性に疑義があるとすれば，監査は当事者集団にとってほとんど価値のないものとなるであろう。監査の主題あるいは監査を基礎に下す意思決定について，当事者集団の間で利害の対立が潜在する場合，仮に，どの当事者集団であれ，ある当事者集団が，監査人は他の当事者集団を優先する姿勢を示していると考えるとしたら，監査の有用性は減じることになる。もし監査人が，知識に基づいた，誠実で独立した意見を形成するに足る十分に信頼できる者であると考えられないとすると，その監査人は当事者集団にとって何ら権威を持たないであろう。権威は，監査という理論的概念のなかで暗黙の裡に示されている。権威がなければ，監査にはほとんど価値がないであろう。もし，当事者集団が監査判断の権威を受け入れることができないとしたら，─ただし，権威の承認は，当事者集団が監査判断に必ず合意することを意味するわけでなないが─，さらなる行動に向けた共通の前提が何もないことになる。監査の能力に対する一般的な信用と信頼は決定的に重要である。信用と信頼は不可欠である。このような信用と信頼がなければ，なぜ監査人の意見が被監査側によるアカウンタビリティの履行結果に対して幾ばくかの価値を付与することになると考えられるのか。また，信用と信頼がなければ，監査人の意見が価値のあるものであると被監査側が考えると，どうして予測できようか。監査の社会的価値は，それが権威を備えているという事実に由来する。すなわち，監査に権威がなければ，事の真相（true state of affair）に関する不確実さまたは意見の不一致が原因となって，当事者集団の間で対立が絶えないであろう。

監査人の意見は意見にすぎないが，十分な知識に基づいた誠実な意見であると判断されなければならない。我々が今目を向けなければならないのは，監査人の意見が持つ権威と，誠実で十分な知識に基づく意見を提供する監査人の能力に対する信頼と信用の，源泉である。

　最も単純なケースでは，関係する当事者集団が監査人の能力について自身を納得させることが明らかに1つの問題であるが，彼らは確立された共通の規準を利用するものと思われる。しかしながら，公共の利益が関係している場合，すなわち，監査が社会的関心の対象である場合には，監査の権威の基盤と監査人の能力は，社会的問題であり，私的問題ではない。両方のケースで原則は同じであるが，公共の利益が関係しているときは，その取り決め（arrangement）はより定式化されている必要がある。

　それゆえ，何が制度上の取り決めなのかについて検討することが必要である。ここにいう制度上の取り決めは，一般の人々が以下の事柄について確信を持てることを保証できる取り決めである。すなわち，監査人として指名された者が適切な教育と訓練および必要な水準の能力を備えていること，また判断と意見の独立性を支える誠実性，高潔さおよび客観性といった必要とされる個人的資質を備えていることに関する取り決めである。監査機能の独立性と高潔さに対する継続的な信頼を維持するために，他にどんな条件を確立すべきかに関してもまた検討が必要である。

第3章

能　力

　監査人が権威を持つための第一の要件は能力（competence）である。監査を遂行する能力には知識と技能の両方が必要であり，それらは教育，訓練および経験の産物である。

　教育を通して得る必要のある知識は，一般常識，監査の諸原則，実務および手続に関する知識，そして監査の主題となる事項に関する知識から構成される。監査は知的要求水準が高く，熟達した精神と判断を行使する能力が必要とされる。体系的思考の習慣と精神の規律を涵養する幅広い一般教育が，主要な知識分野に関する基礎的な理解や口頭および文書での発表・伝達能力と結びついて，不可欠な基盤をなす。

　監査それ自体は，おおよそ他の知識分野に依存するが，当該知識を監査上の諸問題に適応し応用する点では，それ独自で１つの分野を形成していると特徴づけられてきた。監査は調査過程であり，論理学，数学および行動科学に依存している。探求の方法，証拠の利用，結論の推定に関して，これらの知識分野から導出した仮説を設定し，そしてそれら仮説を監査現象に固有の方法で結合させることで，監査はその社会的機能を果たすことができる。しかしながら，監査は，独自の理論あるいは根本原理，また監査に固有の調査過程に係る原則に関する知識よりずっと多くのことを必要とする。すなわち，監査には，それを利用する社会の性格，構造，制度および法律に関する理解が必要なのである。そして，特定の監査に関しては，行為，成果あるいは情報を取り扱わなければならないという点で，その活動に関する知識が要求される。

　監査と会計は相互に関連を持つ傾向にある。これは以下の理由による。すな

わち，アカウンタビリティが多様な組織にあってほとんど例外なく財務的資源の保全および受託責任に関して要求されるからであり，また，多くの組織，とりわけ事業会社にあっては，アカウンタビリティは財務的資源の保全，受託責任および経営に関して報告する定期的な財務諸表の作成によって実証されるからである。取締役，経営者，行政官等に対して他にどんなことが期待されようとも，彼らは財務的な側面でアカウンタビリティの義務を負い，そして監査人はこれを検証することを期待されている。監査人は会計について精通していることが求められる。公共的性格を持つ実務（public practice）に就く監査人は，専門的な技能が求められるがゆえに，一般に職業会計士である。それゆえ，会計と監査という一対の分野が相互に関連しあいながら発展してきた。しかし，このことが，これら2つの分野が存在するという事実，また，監査の対象範囲は財務諸表よりずっと広いという事実を覆い隠している。

たとえば，政府監査（audit of government）は，財務記録や財務諸表の検証—準拠性監査—を含むだけでなく，資源利用の経済性や有効性，また，政策目的の達成における有効性にも関係している。後者のほとんどとは言わなくとも多くについて，成果指標は財務指標でなく，それゆえ必要な知識は会計ではない。通常，政府監査人は大部分が会計士ではなく，政府監査人として特別に訓練されてきた者である。

経営監査，業務監査，また同じ規準が適用される政府監査や公的機関に対する監査では，複数分野にまたがるアプローチ（multi-disciplinary approach）が必要となる。どこに重点が置かれるかは監査対象である特定の活動によって決まる。会計士たる監査人が会計以外の分野での能力を実証できるように，知識の範囲を拡大させる余地はある。しかし，多様なサービスに必要な専門的知識には各々固有の難しさがあることや，経営や行政において専門化が進んでいるために，最も責任の重い監査では，2つ以上の他の分野の専門家の関与を必要とする。教育，健康管理，警察，ごみ収集や軍隊のような領域に係る成果指標の開発や理解は，各々，その分野の専門家が持つ知識と経験の幅と深さが必要であり，それらは専門会計士の持つそれとは異なるように思われる。

すべてのアカウンタビリティに共通する1つの要素は，財務アカウンタビリティである。監査の対象である多様な主題について財務アカウンタビリティが与える知識の広がりが，会計士たる監査人の持つ高度に発達した調査および分析機能や独立した専門職としての意識と相俟って，状況により必要な専門家の支援を受けながらも，会計士たる監査人が主たる監査人であることを説得力のあるものとしている。しかし，それがいつの場合にも当てはまるやり方というわけではない。すなわち，他の分野の専門家であっても，専門分野としての監査に関する知識と経験を有し，実践としての監査に必要な独立した専門職としての意識を持っていれば，監査人として行動することができる。しかし，専門家であることがその者を監査人とするわけでない。つまり，監査人としての教育や訓練を受けることや監査人の役割について承認すること，そして，監査人の役割が課する自己規律もまた必要となる。会計士たる監査人には，会計や監査を超える知識が不可欠である。またその立場は他のすべての専門家も同様である。すなわち，他の専門家は監査業務の遂行に際して，自らの持つ専門的知識，技能および経験を適用することに加えて，監査人としての役割を引き受けるのである。

　責任が重くかつ判断を要するという監査の性格，監査の結果得られる結論の重要性，また監査人が対処しなければならない問題の性格のため，監査人には，会計学，統計学，計算および情報システム，政治経済学，経営学，法律学，組織論，管理論，経営政策，企業の専門化した機能（製造，購入，労使関係，マーケティングおよびファイナンス），行政，公共政策，および政府の諸原則に関する知識が要求される。こういった知識がなければ，直面する問題を適切な文脈と観点の下で位置づけ，また，監査目的との関連からみたそれら問題の重要性を判断する能力を持ち合わせていないことになる。あらゆる問題に上記の知識の全部が必要とされるわけではないことは明らかである。また，上記の知識全体が別々の要素に分解されることを意味しているわけではない。上記の分野に関する監査人の知識は，調査，理解および判断を導くように，結合されまた総合されなければならない。

監査には権威が備わっていなければならない。監査に権威があるためには，すべての当事者集団が監査を信頼しなければならない。監査に対する信頼に必要なことは，十分な能力を持つ者によって監査が遂行されたこと，また対処している事項を監査人が理解していることを，当事者集団が信じていることである。監査される側，すなわち，取締役，経営者，行政官は，仮にそれら被監査側の役割と責任，彼らの所属する組織に固有の特徴や複雑さ，そして彼らの直面している困難や問題点を監査人が十分に理解していないと考える場合には，監査人の判断を留保条件なしには受け入れないであろう。同様に，監査報告書がそれを受け取る者に対して権威を持つことができるためには，監査人が被監査側の行為や業績に関する綿密で十分な知識に基づいた洞察力に富んだ調査と適格性ある判断，そして／あるいは被監査側が作成した情報あるいは財務諸表に対して適格性ある検証と評価を行う能力を有していることに，監査報告書の受け手が信頼できることが必要である。当事者集団の信頼がなければ，監査人の意見は，アカウンタビリティ確保のプロセスにほとんど価値を付与することができない。

　関連する能力が信頼にとって不可欠であるため，一般の人々は能力ある者とそうでない者とを区別するための手段を必要とする。監査に関する能力を身に付けるために，監査人には，専用の教育，訓練および経験のプログラムを修了することが求められる。それゆえ，監査人は，そういったプログラムを成功裡に修了したことを保証する信頼できる資格を取得することによって，その要求に応えたことを社会に対して実証できなければならない。どんな資格であれそれが高い地位を得られるかどうかは，結果として，その資格を付与する制度あるいは組織の評判と，その資格を保持している者の能力について社会が知り得た経験によるのである。

　監査がそのような社会的重要性を持つ事柄であるため，国は公共の利益のために，知識，訓練および経験に関する適切な基準が規定されていること，能力の適切な水準に到達していることに確信が持てるようにする責任を負っている。これは，その財産やその他の権利および利害が高度に複雑で，専門的な技

能と判断の行使を伴う活動に関連している一般の人々を保護するために，国によって規定されたかあるいは認められた条件で資格を付与された者のみに行為する権利を与えることを，保証することである。

　これは，国による免許制度によって実現するであろう。免許制度において，国は学習プログラム，教育水準，必要とされる経験および専門能力を測る試験を規定する。代わりに，プロフェッションによる自己規制が伝統となっている英国のように，十分に組織化がなされかつ高い評価を得ている監査プロフェッションが存在する場合，国からみて満足のいく教育，経験および試験の規定を持つ専門家団体の限定されたメンバーに対して，公認の地位を与えることもあり得る[1]。

　国は次に，特定の組織の監査を，免許を受けたないしは認められた者のみが実施できることを，法律によって定める。国によって免許を授与されるあるいは承認されるということは，基本的な適性や能力を十分に備えていることの証拠である。監査人を選任する関連集団は，免許を与えられた，もしくは承認された者のなかから，個人的な評判や経験の点から好印象を得た者を監査人として選ぶ自由を持っている。

　大規模な組織を監査することの難しさや，そこにおいていっそう深い専門的知識や技能が必要とされることが，監査にはある程度，専門化の必要なことを示している。たとえば，銀行やその他の金融機関，保険会社，中央政府，地域および地方政府，製造業の諸部門，また国際的な企業集団が多様な区分の例と言えるかもしれない。監査の原則は普遍的に適用可能であり，資格を付与された者として認められた監査人は，自らの技能を広範囲の組織に適用かつ適応させることができなければならない。監査に専門化が要請されるのは，監査の権威という基本的な命題に応えるためである。監査人は組織の最上級の役員を監査し，組織活動の最も複雑なところを理解するのに十分な水準で関連する知識を持っていなければならない。ある監査人個人が対応できる組織の範囲を制限するのは，専門性を会得する能力だけである。

　国が規定していない組織では，関係する当事者は自分たちが気に入った者を

監査人として選任する自由を持つ。しかし，有資格者として国が承認した者を選択しない場合，当該当事者は被選任者の能力を自分で判断しなければならない。

　有資格者として公的に承認されると，次に，年々継続的に承認されるにはいかなる条件を満たすべきかが問題となる。関連する分野における知識の拡張，アカウンタビリティ概念の変化，組織，経営および行政における複雑さや精巧さの増大，また社会の期待の高まりの結果として，監査が継続的に進化していることで，有資格者たる監査人には常に知識と技能を更新させる義務が課されることになる。これは知的職業すべてに共通する問題である。何らかの失敗が明るみに出るまでは，実務家たる監査人の能力は継続しているものと仮定され得るのであろうか，さもなければ監視もしくは再テストのシステムを運用すべきであろうか。

　後で議論するように，監査人に対する信頼が維持されるためには受動的な監視が不可欠である。適格性に欠けることが報告されると，公共の利益のためにそれに迅速かつ公平に対処しなければならず，また外見上対処しているように見えなければならないが，適切な場合には承認の取り消しという究極的な罰則が科されることになる。継続的に承認される者の地位と権威は，水準を維持できなかった者に対する懲戒によって再確認される。

　個々の監査人に対する検査や再テストによる能動的な監視が理想的であると感じられるかもしれないが，信頼性に対する重大な危機が存在しない場合には，そのような手続がコスト効果的であるとは思われない。11章で取り扱う品質管理や成果レビューの手続といった満足のいく方法が，通常の状況の下では十分な方法であると考えられる。

　継続的な専門教育プログラムは，実務家が能力と技能を維持する手助けとなる。これを強制すべきかどうかについては議論の余地がある。本質的なポイントは，実務家は自らの選好に従い，置かれた状況に最も良く適合する積極的な行動に出ることで，社会に対して有資格者としての承認を保証する水準の能力を維持しなければならないことである。

第4章

独立性

監査の本質的で顕著な特徴は，その地位の独立性と調査および報告に対する制約からの自由にある。

　これがおそらく監査公準のうちで最も重要である。監査の独立性という命題は広く支持されている。一般に認識されていることは，監査として説明される調査とそこでの検査の結果得られる報告の権威と価値は，当該調査と報告が独立した立場から実施されるその程度に由来するものであり，またそれに左右される，ということである。もちろん，権威は監査で用いられる知識，経験，技能および能力にも依存するが，監査が「独立している」場合にのみ，これらがもたらすベネフィットが完全な形で得られる。それゆえ，独立性が何を意味し，また何を暗黙の裡に示すのかについて理解することが重要である。

　監査の独立性は単純な概念ではない。個人的な要因と組織的な要因が組み合わさった結果として，監査の独立性は達成される。監査の独立性の性格や意義は特定の監査状況に特有のものであり，監査の目的および目標から導きだされる。監査の本質的で顕著な特徴として求められる独立性に特有の性質とは，独立性は，監査人が独立心を持って行動できることと，独立心の行使に対して外部が与える制約が存在しないことの帰結である，ということである。監査の独立性が実現するのは，監査人が独立している場合だけである。そして，監査人の独立性は，監査人個人の能力に問題があるか，監査人による調査および報告の自由に対して制約が課されるかのいずれかによって，制限を受けるかあるいは損なわれる。もし，監査を実施する際の取り決めとして調査および報告の自

由に対して制約が課されるとしたら，独立心を持って行動する監査人の立場を損なうことになるだろう。また，監査人個人が独立性を欠いていれば，調査および報告に対して何ら制約がなく自由であったとしても，独立監査とはならないであろう。

「監査」は「独立性」を暗黙の裡に意味している。しかし，独立性にはさまざまな程度があるため，「独立監査」という言葉は―同語反復的であるけれども―，次のような意味での監査を表すために用いられる。つまり，2つの要素―すなわち，監査人個人の独立性と調査および報告の自由―の両者が留保，制限，および限界なしに存在し，また組織の「外部にいる」という監査人の立場が強調される監査である。「独立」監査では，監査人は組織の外部におり，それゆえ組織の一員ではない，すなわち被監査組織から独立しているが，これは内部監査の置かれた状況と対照的である。内部監査は組織内部で実施され，かつ組織による統制を受ける。「独立監査」という言葉を使用することで，監査人が監査を受ける組織実体から組織構成上分離していることと，監査人の地位の外的な性格が強調されている。しかしながら，重要なことは，組織構成上分離していることそれ自体ではなく，分離していることから生じる帰結，あるいは分離していないことから生じる帰結である。

監査の責務あるいは社会的重要性が増すにつれて，独立性の規準を満たしていることがますます重要となる。たとえば，政府監査，上場会社の監査，公共企業体の監査のように，監査の責務や社会的重要性が最も大きいところでは，独立性の規準を最も厳密に適用しなければならない。その他の状況では，仮にあったとして，監査目的の達成を阻害することなくどのくらい独立性の水準の軽減ないし緩和を許容するかは，判断の問題である。しかしながら，これは実践上の問題であり，以降の分析と解釈が対象とするのは理論的な意味での独立性概念である。

独立性の必要性を創り出しているのは監査の社会的機能である。もし監査が完全にかつ真に独立していなければ，監査の持つ潜在能力のすべてを実現させることなどできない。もし，監査が独立していなければ，監査の社会的な目的

は達成されないであろう。監査が生じる状況として最も一般的なものは，たとえば，財務およびその他の経済的資源の保全，管理に係る責任，あるいはそれらを処分する権限を有する者，サービスの遂行と提供に関する責任を負う者が負う，アカウンタビリティたる義務が存在する状況である。監査は，以下の理由により必要とされる。すなわち，業務活動の遠隔性，複雑性あるいは重要性の結果として，アカウンタビリティの相手方となる者が，上記経済的資源の利用等に係る情報に関する報告に依存するために，また，アカウンタビリティの義務を負う者，つまり被監査側の行った行為等を是認あるいは拒絶，もしくは承認あるいは不承認とするための基礎として，監査が必要とされるのである。

　このようなアカウンタビリティの義務を負う者に関する報告書は，それが作成される過程に価値がある。また，報告書の形をとるかどうかにかかわらず，行為，成果，結果あるいは帰結に関する情報が与えられること自体に価値がある。というのは，当該情報が，アカウンタビリティの義務を負う者が保管，経営あるいは管理に係る自らの義務を履行する仕方を，ある程度まで実証するからである。アカウンタビリティの義務を負う者が，自らの成果あるいは委託された資源の利用および処分の結果を証拠づけるものを公表するあるいは統制する場合には，潜在的な利害の対立が避けられない。行為あるいは成果に関する評価がアカウンタビリティの義務を負う者にとって好ましくない影響を及ぼすかもしれない。したがって，失望させるような結果，回避できないもしくは予測不能な不運，また，特に能力が無いこと，非効率的であることあるいは怠慢であることに対して注意が集まることを回避する傾向にある可能性が十分にある。これだけでも十分に好ましくないかもしれないが，不誠実であるとか，不正あるいは未修正の重要な誤謬が存在する場合には，それを隠蔽しようとする試みがなされる危険性が高まる。アカウンタビリティの義務を負う者は，意識的であれ無意識であれ，自分たちにとって好ましい，つまり，自らの目的を支持するやり方で事実を開示する傾向にある。しかし，アカウンタビリティの義務を負う者の目的は，アカウンタビリティの相手方のそれとは異なるもしくは対立するのかもしれない。主題からの遠隔性，主題の複雑性あるいは重要性

のために，個々人が自分自身で判断を下すことができるのに十分な情報を手に入れられない，あるいは当該情報を検証するための十分なアクセスがない状況の下で，社会が監査による支援を求めるのは，こういった現実のあるいは潜在的な利害対立が存在するためである。

　監査が必要となる状況はまた次のような場合に生じる。ある者が一般の人々または公共の利益に関わる情報，すなわち他者による行為または意思決定の基礎となる情報を提供する。当該情報はその作成者の成果を反映しているか，もしくはその作成者は情報の質に対して利害関係を有している。それゆえ，当該情報の信頼性と信憑性に関する疑義を生じさせる根拠となる潜在的な利害の対立が存在する，そういった状況である。問題に重要性があり，また，情報作成者が影響を及ぼそうと意図している対象である利害関係者が，証拠へのアクセスが不十分である，あるいは主題からの遠隔性もしくは主題の複雑さゆえに自分自身で判断することができない状況においては，情報の作成者と利用者は，監査のプロセスによって情報の質を改善させ，結果として情報の信憑性と信頼性に対する信用が醸成されることを求めることについて，お互いに利益を有している。

　あらゆるケースにおいて監査の機能は事実を調査することであり，また，続いて適切な場合には，報告書あるいは情報の質を証明すること，行為，成果もしくは業績の誠実性，合規性そして水準を証明すること，すでに開示されたものを補完するために追加情報とそれに関する意見を提供することである。監査の目的は，アカウンタビリティの義務を履行する対象，つまり，信頼し得る情報に対するニーズと権利を有する者が十分な情報に基づいた判断をする際の，適切な基礎を提供することにある。

　監査人は，報告者，特別に資格が付与され，また専門的技能を持つ報告者であり，その意見は被監査側のそれとともに重視されなければならない。しかし，監査人は問題の最終的な判定者ではない。監査人は事実の証言者であり，また適切な場合には当該事実に関して権威ある意見を表明する。続いてどういった行動に出るかについての責任は，他の集団，すなわち，会社の株主，ク

ラブの構成員，中央政府の部門の場合は公共会計委員会（the Public Accounts Committee）等が責任を負う。行動に関する権限と責任を有する側での遠隔性という障壁，すなわち，情報へのアクセス手段の欠如を克服することができるためには，監査人は客観的でかつ誠実な報告者でなければならない。

　それゆえ，監査人は，アカウンタビリティの履行対象である利害関係者の立場に自らを置いて，彼らの視点から事象を検討し，かつ彼ら自身が求めたであろう情報を彼らに提供すること，それ以上のことをしなければならない。監査人は公平でなければならない。監査人はどんな利害に対しても偏見や不公平がない者として認められねばならない。被監査側から独立していなければ，アカウンタビリティの履行対象者にとって監査はほとんど何の価値もないであろう。というのは，監査人の意見がすでに利用可能な事柄に対して信頼をほとんど付与できないからである。たとえば，ある会社の取締役が同僚の取締役の作成した財務諸表とそれに関する報告書を承認することは興味深いし，また，取締役間で合意が存在していることを証明することになるであろう。しかしながら，そのような承認は，それら財務諸表が適切に作成され，取締役による偏見，不正や違法行為がないことについて保証を得たいと考える株主に対して，信頼をほとんど何も付与することはないであろう。それゆえ，取締役の影響下にある，もしくはその命令を受ける，あるいはいくつかの点でそれに依存する者は，当該会社の監査人としての資格があるとは考えられない。同様に，被監査側から見て公正さにまったく信頼の置けない監査人は，被監査側にとって受け入れられない。被監査側は，監査人の報告が自分たちにとって公正なものであることを信じて，監査人による検査のために自らの行為や成果を差し出す覚悟でなければならない。被監査側が監査人と常に合意するとは限らないが，監査人の意見が証拠のみに基づいた適格性があり誠実なものであることを被監査側は信頼しなければならない。

　行為や成果に関する報告あるいは情報が，直接の宛名となっている集団を超えた社会的重要性を有している場合，あるいは情報が公開される場合，監査があらゆる集団から独立していることの必要性が最も顕著となる。報告や開示に

関する客観的な基準は，当該基準に準拠しているものとして開示されている報告書や情報に対する，公平な立場からのレビューを要求している。

　監査人は，人格面や専門性に関してどんな資質を求められるにしても，偏見，監査結果に対する個人的な利害，一定の利害への事前の関与，影響あるいは圧力に対して脆弱であるといったことが絶対にないという意味でも，独立していなければならない。これらはいずれもが，どんな利害関係者に対してであれ，報告ないし意見がただ調査対象である事実を参照すること以外のことによって決定された，と考えさせることになるであろう。監査人の報告ないし意見は，それを受け入れ，それを利用し，かつそれに依拠しなければならない者にとって権威あるものでなければ価値がない。それゆえ，監査人は，その任務に適格であることを実証しなければならない。監査人が必要な技能を修得するために不可欠な教育，訓練および経験を経たこと，能力があることを実証してきたこと，そして名声と地位を得てきたことを，明確にすることが必須である。これらの資質は，権威と承認の基礎として不可欠である。しかし，究極的に言えば，権威は個々の状況の下で監査人が実際上独立しているか，また独立していると理解されるかに決定的に依存している。

　もし，監査人の独立性全体について留保事項が存在する場合，すなわち，独立性に限定がつけられる，あるいはそれが譲歩されている，または，制限されているとすれば，権威はかなり弱められていることになるであろう。権威に対するダメージの程度は，利害関係者が誰であれ，監査の目的や監査報告ないし意見の予定されている利用方法との関係で，留保事項あるいは譲歩の重大性をどう理解しているかに関係しているだろう。

　たとえば，会社の内部監査人は完全に独立しているとまではいえない。というのも，内部監査人は会社の雇用者であり，したがって最終的には取締役や経営者からの指図を受けるからである。しかし定められた領域内では，内部監査人は制限のない独立性を与えられ得るのであり，取締役に直属する者としての責任の範囲内で取締役に報告する。内部監査人は，無条件にという意味では完全に独立しているわけではないけれども，特定の任務という状況に関しては，

内部監査人の報告に偏向がないだけでなく，関係するすべての利害関係者集団がそう受け取るように，完全に独立であることができる。内部監査人が自らの役割を完遂できるためには，内部監査人の独立性はそういうものでなければならない。

それゆえ，独立性は，あらゆる状況に適用できるような組織上の規定に適合する概念ではない。独立性という概念は，組織においてそれを規定する際には，特定の状況の下で独立性の規準を満たすために必要とされることにより決定される概念である。

監査人の独立性は，監査人個人の資質，組織上の取り決め，そして環境状況あるいは制約要因を組み合わせた結果の産物である。監査人が独立した立場でいることが可能であるかどうか，実際上独立した立場にあるかどうか，そして独立していると理解されるかどうかを決めるのは，監査人の行為の仕方や行為する状況である。監査の独立性に対する信頼は，こういった要因に左右されるであろう。

第1節　精神的態度

しばしば，独立性は精神的態度ないし心の状態の問題であると主張される。これは重要である。到達しなければならず，監査の遂行に関係させなければならないのは，思考と行動における独立の状態である。これは目標である。すなわち，結果として，監査人の側での独立性に，そして監査人に依拠する者による独立性に対する信頼につながる精神的態度に到達し，かつそれを維持することが目標である。監査人が独立していること，独立した立場から思考し行動するだけでは十分ではない。監査人は他者に対して報告する。その他者が得るベネフィットは監査人が与える保証から導きだされるし，その他者が得る保証は監査人の独立性に対する信頼を条件とする。監査人の独立性の持つリアリティが，そういった他者に対して明確でなければならない。それゆえ，監査人の独立性にリアリティがある状況とは，監査人が独立性を維持すること，独立性を

害するあるいはそれに悪影響を与えるあらゆることに抵抗し拒絶することを可能にする状況でなければならない。また，当該状況は公開されており隠されてはならず，かつ，独立性を維持するはずのものであるように外見上見えなければならない。独立性を達成し維持しているという保証はまったく存在し得ない。なぜなら，それが実現しているかどうかは，当該状況の下での監査人の判断と意思決定に依存しているからである。しかし，その状況は，独立した立場でありたいと考える監査人が独立性を損なう条件，影響ないし圧力から守られていること，そして，守られていることが明確であるような状況でなければならない。

　しかしながら，監査における独立性の条件となる，あるいはそれに資する精神的態度には，好ましい環境状況以上のものが必要とされる。そのような精神的態度を保持できる能力は，性格のうちの，倫理的もしくは道徳的な意味を含意するひとつの特質である。監査で必要とされる精神的態度は，性格の高潔さや倫理行動規定に対する信頼とその遵守，そして，性格のうちのそういった特質に対する一般の人々からの高い評価を必要とする。このような個人的な資質は，これを定義し，また植え付けさせることは難しいが，監査の独立性を実現できるためには，規定されている組織上の制約事項よりも優先される。組織上の制約事項によって到達すべき監査人の立場とは，適切な個人的および専門的資質を備えた監査人が，偏向，監査結果に対する個人的な利害，利害に対する事前の関与，影響あるいは圧力を受けること，調査および報告に対する制限が，絶対にあってはならないことを意味する。これらはすべて，報告された意見が調査対象たる事実をただ参照すること以外のことで決定されたのだと，利害関係者集団を信じさせることになるだろう。

　それゆえ，監査人に対して不適切な影響ないし圧力を働きかけ得る状況，すなわち，監査の結果に対して個人的な利害を生じさせ，ある利害に対する事前の関与の原因となり，調査および報告に対して制限を加え，あるいは監査人の調査，意見または報告に偏見を引き起こし得る状況を，検討する必要がある。

　監査人についてこれまで定義してきた立場，また，後で詳細に調べることに

なっている立場は，もちろん，独立性に関する理念的あるいは完全な状態を指している。その理念が達成できるかどうか，もしくはどの程度達成できるか，あるいはその理念を完全に達成するのにかかるコストがもたらされるベネフィットと不釣り合いであるかどうか，すなわち，監査人による保証もしくは信頼の増分のうち，独立性に関して究極的な厳密さを犠牲にすることによって失われる限界的なベネフィットが，その他の重要なベネフィットもしくはコストの節約を超えるかどうかは判然としない。実際のところ，しつけ，教育，文化的な伝統，政治的信念等の作り出す偏向がまったくない完全に「無菌の」精神を人は持ち得るのであろうか。しかしながら，こういった問題については後に再検討する予定である。まず，監査の独立性を創り出し，支えかつ育てる条件や制約事項に目を向ける必要がある。

第2節　独立性に対する一般の人々の信頼

　重要なことは，法令が監査の独立性を実効性あるものと成し得ないことを，認識することである。監査の独立性が有効に機能するためには，利用者，つまり監査意見または報告を受け取る側による監査の独立性に対する信頼が必要である。利用者が当然に採用するアプローチは，懐疑主義によるアプローチである。監査人が自身の立場を強化するために不適切な影響のすべてに屈しなかったと，利用者はなぜ考えるのか。独立性に関わる制約事項にこだわることは監査人を否定することにならないだろうか。利用者の懐疑的な態度に打ち克ち信頼を生み出すことができるのは，独立した行為と思考をするとの監査人の評判であり，また，監査人の行為を監視し，確立された規範からの逸脱に対して処罰を科する規則である。監査人の行動に対する監視と処罰の執行は，イギリスのように自主規制システムによるか，あるいは政府機関によってなされる。重要な点は，利用者の信頼を得るためにはそれが有効であるように外見上見えなければならないことである。

　しかし，評判というものは，長年の行動と成果によってはじめて確立できる

ものである。同様に，監視システムに対する信頼は，公表された目的の達成度に関する実績から生まれる。「瞬時に出来上がる」監査の独立性といったものは存在しない。しかし，いったん社会の承認を得ると，監査の独立性という概念は制度化される。そしてその名称の使用が十分に制限されるかぎり，「監査人」は身代わりの評判がもたらすベネフィットを享受する。しかし，それと相補的な命題もまた真である。つまり，すべての監査人は，自らの行動，行為および成果によって，その制度化された概念を，他のすべての監査人に対して潜在的に影響を及ぼしながら強化することも損なうこともできるのである。それゆえ，監査人であり続けようと考える者は誰でも，自分が提供するサービスの社会的な有用性を維持したいと思うならば，自身の評判だけでなく制度の評判を守ることに共通の利害を有している。監査サービスの役割に関しては，社会もまた，独立性に関わる監査人の評判が擁護されるよう確保することに利害がある。さもなければ監査サービスの社会的ベネフィットが失われるからである。それゆえ，社会と監査人は，独立性という概念が強いる制約事項のもたらす規律を受け入れない者を監査人として雇用する者から除外することについて，利害を共有している。個人的にであれ組織的にであれ，調査者が十分に独立しない形で行う調査あるいは検査のプロセスを監査として分類しないことにも，共通の利害がある。

　おそらく逆説的であると言えるのは，監査人が独立した立場でいられることに影響を及ぼす要因が，制約事項として説明されてきたことである。それらの要因は，監査が実施可能である状況に制限を加えるし，また監査を行いたいと考える者に対して，たとえ彼らが必要な業務を実施することを可能にするような個人的資質を備え，教育および訓練を受けているとしても，制限を課するのである。しかし，その制限の目的は，監査に関連して監査人が何ら制約を受けないことを保証することにある。

　基本原則は2つの要素から成る。第1に，客観性と公平性を追求する監査人の精神的態度に負の影響を与えた，あるいは影響を与えたように思われる外観を有している，もしくはそうする可能性を持つ，あるいはそうするように見ら

れるあらゆる状況は，独立性という考え方に反しており，それゆえ好ましくない。第2に，監査人による事実に関する調査とその報告の方法に対する障害となる，あるいは障害となるように見える，もしくはそうなる可能性があった，あるいは可能性があったように見えるすべての状況は，独立性という考え方に反しており，それゆえ好ましくない。

第3節　独立性に対して重要な意味を持つ状況

監査の独立性あるいはその認知に関連して重要な状況の例は，簡便的に5つの見出しの下で分類し，調べることが可能である。

1　個人の資質
2　人的関係
3　金銭的な利害または依存
4　調査および報告上の自由
5　組織上の地位

以上の見出しのそれぞれの下で，関連性のある状況が持つ性格を定めるとともに，それら状況の重要性を詳細に検討することができる。理念とするものからの逸脱，あるいはそれを満足させるうえで不十分な点があれば，それがどんなものであれ，結果として独立性に対する侵害，あるいはその譲歩につながるにちがいない。そういった侵害や譲歩がどのように独立性に害を及ぼすかは，状況に依存するであろう。どんなものであれ独立性の低下が持つ重要性は，監査の目的に関連させて考察する必要がある。すでに指摘してきたように，監査の独立性は監査の権威と社会的な価値にとって最も重要であるが，そういった権威や価値がある程度犠牲になることは，独立性を譲歩した状況から得られる社会的な純利得によって正当化されるかもしれない。当該状況の下で最大限可能な独立性が実現し，かつ独立性の不十分な点についてその性質と程度が利害

関係者に対して開示され，知られるところになっているならば，他の社会的ベネフィットが，完全な独立性からは欠けているところがあることに起因する権威のある程度の損失を受容するのに十分であるかもしれない。この問題については再び言及することになるであろう。現段階では，次のことを指摘するだけで十分であろう。独立性は監査に関する概念の中心であり，かつ監査意見に対する信頼およびその権威の基礎であるけれども，独立性は目的に対する手段であり，それゆえ目的それ自体ではない。もし，監査の目的に照らして十分な信頼性を他の手段によって確保できるならば，他の社会的ベネフィットを手に入れることを可能とするために，独立性のある程度の犠牲は許容されるかもしれない。にもかかわらず，一般原則として，無条件の独立性は監査の目標であるべきである。無条件の独立性が実現しないところでは，利害関係者が当該状況について認識していなければならない。

1．個人の資質

監査人として最も欠くことのできない2つの個人的資質は，性格の高潔さと強さである。ある者が監査に関する専門的技能や能力をどれほど持っていたとしても，当該人物が不安定な道徳的ないし倫理的基準しか持ち合わせていなければ，監査アプローチにとって不可欠な精神的態度を，とりわけ公平さに対する圧力と影響が最高度に高まった状況において精神的態度を維持できるかどうかについて疑念が存在するにちがいない。同様に，気が弱く決断力のない性格の人物は，頑固で威圧的で尊大な人間の行為や成果が監査の対象であるときに，そういった人間からの圧力に抗して公平なる精神的態度を保持しまた自らの見解を保持する点において，信頼を置くことができない。こういった資質は，それを定義することも規定することも難しいかもしれないが，第一義的に重要であるためにリストの冒頭に挙げている。もし監査人個人の誠実性に頼ることができないならば，以下で検討する組織上および手続面での条件はほとんど役に立たないであろう。

高潔さに関する監査人個人の評判は，プロフェッションとしての監査の制度

上の地位によって支えられている。監査プロフェッションの構成員であると認められた者は，自らの行為と公共の利益に対する関心に関連して，プロ意識 (professionalism) を持つ義務を受け入れたものと考えられている。つまり，監査プロフェッションの構成員であると認められた者は，倫理規則を遵守すること，またそれを遵守しない場合には制裁を受けることが予想されている。監査人の独立した立場に対する一般の人々の信頼は，ある部分では監査人各自の個人的な評判に左右され，またある部分では監査プロフェッションのプロ意識に対する信用に左右される。プロ意識と倫理の問題は，5章でより詳細な形で取り扱う。

2．人的関係

　ここでの原則は十分に明確である。すなわち，その原則は，客観性，公平性そして私心のないことが求められる状況の下で，利害の対立，もしくは忠誠心の対立あるいは感情的な関係の，それぞれが持つ難しさを認識することから導きだされる。ある者は，その精神的な態度，判断あるいは意見に影響を及ぼす原因となる，あるいはそうなると思われる人的関係が存在するならば，監査人として行動することを不適格であるとされる。たとえば，ある者が，配偶者，親もしくは子が監査の結果に対して利害を有しているならば，監査人として行動することを許されない。ごく近い親戚関係がつくり出す状況は明白である。しかし，一般論として，血縁関係においてどれくらい離れていても潜在的な利害対立が存在するのか，また，それゆえ，どれくらい離れていてもこの禁止事項を適用すべきかを判断するのは，もっと難しい。同様にある人物が，自分自身あるいはその雇用主もしくは従業員，またはそのパートナーもしくは共同取締役が監査の結果に利害を有する状況の下では，監査人として行動することができない。これらは識別ができ，かつ定義することのできる法律上の関係である。他の事例を挙げることができる。個人的な友人への忠誠心あるいは感情による絆が，これらのどれとも同じくらい，あるいはより強いこともあり得る。それこそが，重要であり，認識しなければならない原則である。不適格である

関係は，規則が定めかつ禁止するものにとどまらない。利害の潜在性を認識するとともに，それに基づいて判断しなければならない。

人的関係が不適切な圧力を及ぼし，精神的な態度，あるいは判断の行使や意見の表明に害を及ぼす潜在的可能性を持つ，あるいは持つように見える状況にあると判断する理由がある場合，その者は，監査人として行動するには不適格であるとみなされる。

監査人が，その参入（intromission）あるいは成果が監査対象となっている者の申し出により個人的な恩恵，贈り物あるいは特権を受け取れば，監査の独立性を害することになる。そういった恩恵等を与える際の意図が，監査人の精神的態度に影響を及ぼすことにあるかどうかは重要ではない。現実は，意識的であれ無意識であれ，監査人の姿勢が監査対象である者にとって都合の良い方向に影響を受け得るということである。同様に好ましくないことは，恩恵，贈り物，特権を受けたという事実のせいで，他者が監査人の精神的態度に影響があったと考えるかもしれないことである。これは特に難しい領域である。監査人と被監査側との間の業務の上での交渉にはある程度の信頼関係が必要であるし，社会的な交渉から通常の親切心も当然生まれるが，監査人は職業専門家として公平無私の姿勢を維持するよう努力しなければならない。職業専門家との良好な関係が重要であることを目に見える形で表現すること，あるいは，監査スタッフに対して従業員がどこにでもあるようなベネフィットを与える（たとえば，割引販売やその他の便宜）ことには，悪意が含まれているとは思われない。しかしながら，そういったベネフィットは，欺く意図がある場合でも無意識の場合でも，監査アプローチの公平性を害し，また，ぎりぎりのところで判断に影響を及ぼす可能性を持つ。それらベネフィットは，監査に依拠しなければならない人々からはこのような視点で理解されるように思われる。

3．金銭的な利害または依存

監査の主題あるいは監査の結果に対して，監査人が金銭上の利害を有することは，疑いもなく，利害の対立の源泉であり，また監査人の精神的態度，判断

の行使および偏向のない意見の表明に及ぼす不適切な圧力の潜在的な源泉であろう。原則として，そういった利害の対立が現実に存在するだけでなく，その可能性もまた，監査の独立性という考えにとって好ましいものではない。それゆえ，金銭的な利害を持っているということは，どんなものであれ，絶対的な意味で監査人を無能力にさせてしまう特性と言える。実際的な観点からすると，上述の原則を犠牲にすることなく，無能力化の程度は利害の重要性に左右される。金銭的な利害が明らかに取るに足りないものであり，実際上，独立性に対する脅威が何ら生じていないところでは，精神的態度が影響を受けるとは最も考えにくい。しかしながら，利害の重要性は，それが監査人に及ぼす影響だけでなく利用者に対する影響も参照することで，これを測定しなければならない。監査人にとって重要とは思われない金銭的利害が，独立性の外観に負の影響を及ぼし，その結果，独立性に対する利用者の信頼を損なう原因となるかもしれない。監査人の精神的態度が影響を受ける理由がまったく存在しないために監査人の意見が健全なものであるとしても，その監査意見が利用者の信頼を欠いているがゆえに疑いを持たれることがあるかもしれない。それでは監査の目的と社会的ベネフィットが達成されないことになる。金銭的利害を原因とする対立あるいは潜在的な対立を認識している状況の下では，監査人として行動してはならない。しかし，これが唯一の検討事項というわけではない。決定的に重要であるのは，利用者がその状況をどう理解しているかである。

　本質的な問題は，監査人個人の財務状況に影響を及ぼす—悪い影響であれ良い影響であれ—可能性のある状況は監査の独立性に対する脅威であり，それゆえ，その影響を受ける立場として，監査人としての能力を無効にさせる要因であるということである[1]。

　この問題が通常生じる状況には以下のものが含まれる。

（a）監査人による投資
（b）監査人による借入れ
（c）監査人の報酬決定

(d) 受益者たる監査人
(e) 被監査組織に対する過度な報酬依存

以上は例示にすぎない。すなわち,重要なことは,利害の対立を生じさせる金銭的な利害あるいは依存という本質に関わる問題である。

(a) 監査人による投資

独立性に対する脅威あるいはそれに対する実際上の害は,監査人が監査対象である組織に対して投資家として利害関係を持つ場合に,そのことが監査人の精神的態度に及ぼす影響から生じる。投資家として,監査人は投資対象としてきた組織の資本および成果たる利益の成り行きに利害を持つ。問題は,そのような投資者としての利害が潜在的に利害対立の源泉となり,監査人の精神に対して意識的であれ無意識であれ作用し,監査の過程で生じる困難な問題に対する監査人の姿勢に影響を及ぼすかどうかである。監査人の役割は,客観的かつ公平に調査し,また報告することにある。問題は,投資者としての自らの個人的立場を守るあるいは高める傾向がその客観性と公平性に影響を及ぼし,議論の余地のある項目に関する代替的な見解のうちの1つを選択する際の偏向の原因となるかどうかである。危険なのは,監査人が無意識にでさえ自分にとってより望ましいと思えた解釈の方を,より容易に受け入れる性質を持っているかもしれないことである。同様に重要なことは,利害関係にある第三者集団からみれば,このことが現実にそうであるように思われ,結果として独立性の外観に対する悪影響と利用者の信頼の失墜の原因となるということである。減価償却,株式評価,利益の認識等の方針変更に関する取締役あるいは経営者の意思決定は,配当,配当倍率,1株当たり利益,利子費用,資本利益率等に影響を及ぼすが,それらの意思決定は適切に正当化できる根拠に基づくものであり,実際上何が主要な目的であるかの検討が必要な状況のもとでなされる。

大体において,論点は明確である。被監査組織に対する投資は,監査の独立性にとって好ましいものではなく,監査人の能力を無効化させる性格を持って

いる。しかしながら、監査の独立性の目的は思考と行為が独立していることであり、それゆえ、精神的態度に影響を及ぼし得る利害の対立を生じさせる可能性がある場合のみ、投資は好ましくないものとなる。状況がさまざまであるため、この可能性を測定する普遍性ある量的基準は存在し得ない。投資がまったくなされていなければあらゆる疑いは取り除かれるが、規準となるのは利害対立を生じさせる可能性であることを認識しなければならない。したがって、たとえば、監査人の財産と比較して取るに足りない額の投資であれば、独立性を害することも、害するように見えることもないように思われる。

(b) 監査人による借入れ

独立性に対する脅威、あるいは独立性に対する実際の損害は、監査人に影響を及ぼす圧力から生じるが、監査人と被監査組織との間での借手と貸手の関係が原因となって、監査人による調査そして／あるいは報告の自由に影響を及ぼすことがある。監査の結果を毀損させる圧力に監査人をさらすことになる関係は、どんなものであれ望ましくない。監査人が資金を融通してくれた貸手に対して感じる個人的な義務感、あるいは貸手が差別的な行為、たとえば、前払金の回収や利率の引き上げによって借手たる監査人個人に対して当惑や困難を生じさせる危険性は、利害の対立を生み出す可能性を有している。そういった利害対立の可能性は良心的でない者によって利用されることがある。良心的でない者は、監査人が拒否すべき、あるいはその内容を明らかにすべきやり方で行動した、もしくは行動すると申し出たような人物である。このような関係の存在は、たとえ全く圧力が加えられなかったか、あるいは加えられないように思われる場合であっても、利用者の信頼を損なう。なぜなら、独立性の外観が害されるからである。この場合でもまた、重要性は1つの要因である。つまり、監査人の財産に比して取るに足りない借り入れは、害を及ぼすとも、あるいは害を及ぼすように見えるとも思われない。重要性の限界値を定めるうえでの主観性を考えれば、そういった借り入れという状況を完全に回避することが最善である。

(c) 監査人の報酬決定

　監査人は，監査に対して報酬を支払うよう要求する。監査に利害を有するどんな集団であれ，もし支払額に影響を及ぼす立場にあるとすると，それらの集団は監査人に対して圧力を及ぼす立場にあり，そのことは監査人の精神的態度に影響を与え，それゆえ監査人の独立性を害する，と主張することができる。少なくとも，絶対的な独立性という外観は損なわれるであろう。先述した監査の基本原則の1つは，監査人による事実の調査とそれに関する報告のやり方に対して妨げとなる状況は，どんなものであれ望ましくないというものである。ここで重要なポイントは，金銭面で限界を設けることは，監査人による調査と報告の自由に対する1つの妨げになるということである。これは難しいジレンマを生じさせる。

　監査の専門的な性格と，意見を裏づけるために必要な調査の範囲と性質を判断する際に必要とされる各自の専門的判断を考えれば，監査業務の品質は「素人」が評価できるようなものではない。監査人は金銭面での制約を受けることなく，調査と報告の自由を有していなければならない。監査人は監査の社会的な目標を達成させ，自らの職業専門家としての責務を果たし，かつ自らの意見あるいは報告を裏づけるために十分に詳細な調査を実施しなければならないが，その際，正当な注意に係る法的要件，慎重さに関する専門基準，また経済面でのコストベネフィットに係るテストを満足させるために必要とされる以上のことをしてはならない。これらはすべて，監査人がそれについて判断を行使しなければならないテストである。当該判断の責任ある行使に対する制約は，調査の自由に対する妨げであり，それゆえ監査人の独立性に対する妨げである。そのうえで，監査報酬を支払う者は誰でも，提供されたサービスに照らして報酬が適切であることに満足しなければならない。さもなければ，こういったシステムは，監査サービスを社会のニーズ，これは監査人が唯一の判断者であってはならないが，を超えて拡大させる危険性にさらすか，あるいは，「監査人自身が自分の報酬額を決定する」との批判をうけることになる。

政府は公共支出に対する統制を行わなければならない。政府はまた政府監査に必要なお金を融通するために資金を提供しなければならない。それゆえ，政府は監査の範囲を制限できることになるので，政府監査人の独立性は，それを守る満足のいく取り決めがなされない限り，危険にさらされることになる。パブリックボードや会社の取締役会は監査の対象であるとともに，監査に係る支出を統制しなければならない。もし，それらが監査人に対する報酬を認可しなければならず，それゆえ報酬支払を統制する立場にいるとしたら，監査人の独立性は危険にさらされていることになる。

　国ごとに政府監査による調査および報告の自由を保護する取り決めが異なる。しかし，たとえ筆頭監査官（principle audit officer）個人の独立性が確保されるとしても，その監査官が取り組むことのできる監査の範囲はスタッフの数そして／あるいは質によって制限されるが，それに関わる資金は国が提供しなければならない。それゆえ，政府は，資金を抑制するあるいはそれを減らす，もしくは増加させることに同意しないことによって，監査の範囲や強度に影響を及ぼすことができる。一般の人々に対する保護が確かなものとなるのは，政府の財務に関するアカウンタビリティおよびその他のアカウンタビリティを確保するための効果的な取り決めに対する政府の妨害について，筆頭監査人が率直にかつ恐れることなく発言し，一般の人々に報告するとともに，警告を発する自由を持っている場合だけである。

　会社やパブリックボードは，もし監査人の報酬の支払いを承認する権限を有しているとすると，潜在的に監査人に対して好ましくない圧力を行使する手段を持っていることになる。その圧力は公然となされる場合や隠れて行われる場合もあり，また，監査人が経験する影響も意識されるものもあれば無意識のものもある。一般に，報酬決定に対する敵対的な雰囲気や辛辣な態度は，—その場合，監査業務の拡張が最も必要とされるかもしれないが—追加業務には報酬が支払われないであろうことを考えれば，限界まで少ない業務で済ますように監査人を条件づけるかもしれない。このことは必ずしも監査計画を切り詰める意思決定を自覚的に行うことにはつながらないが，正当な注意の要件に係る最

小限の解釈を超えて業務を遂行することのためらいを無意識のうちに作りだすかもしれない。ある点では，これはよりいっそう危険な状況である。つまり，監査人の側では，自らの監査上の責務を果たす以外のことをする意図も，財務面での制約やそれがもたらす不利益を認める意図も，正当な注意をもって監査上の責務を誠実に履行することを妨げる意図もまったくないのである。経済的な観点からみた限界の範囲内で，適切なやり方で監査の範囲を制限することと，創意に富んだ革新的な構想を過度に厳密に削ぐことで監査の社会的な目的を妨げることとの間でバランスを取り続けることは難しい。危険なのは，正当な注意が最小限に解釈されることである。認識するのも対処することもより簡単な状況は，監査と監査報酬に対する公然とした明白な敵対心である。そういった場合の監査人の対応は，有効な監査に利害を持つ者にそれを報告することである。

　イギリスの有限責任会社においては，この問題は，株主に対して監査報酬を決定する権限と責任を付与することにより，法律上取り扱われている。実務では，これは株主から取締役へと委任されているので，監査人の独立性に対するこの保護策の有効性に疑義があるに違いない。株主が最終的な決定権をもつという申し立ては，事実というよりむしろ体裁だけのものなのかもしれない。監査委員会—主として非常勤取締役で構成されている取締役会内部の委員会—という制度を利用することで，当該委員会に監査報酬に合意するという任務を付与することにより，監査人の独立性に対してさらなる保護が加えられるとの主張がなされてきた。この制度は，取締役経営者が監査報酬の統制を通して，監査における調査と報告を妨害する力を弱めると主張されている。この制度の有効性については，取締役会構成員の相互依存性，共同責任および仲間意識を理由に，議論の余地がある。本制度はある程度，監査人の独立性の改善につながるかもしれない。しかし，重要な実際上の問題があるとすれば，それが問題の核心に届いているとはいえないということである。非常勤取締役もまた監査の対象であり，それゆえ，彼ら自身もまた監査人に影響を与えたいとの欲求を持つ理由を持ち得るのである。

これまでに提案されてきた解決策の1つは，公開会社に対する監査は，中央政府が報酬を支払う政府による監査サービスとして実施されるべきであり，そうすることで監査人の金銭面での独立性が完全に保証されるというものである。公開有限責任会社に，政府による監査が妥当するかどうかに関わる他の考慮事項をまったく度外視したとしても，この解決策が問題を解決することはない。新たな問題を引き起こすだけである。監査人は国あるいは政治の圧力もしくは指示を受けることになるかもしれない。それはなおいっそう好ましくないであろう。

この問題は監査人の任命に係る取り決めと関連があり，そのため，下でさらに検討されることになるであろう。顧客であることが圧力の潜在的な源泉であり，それゆえ監査の独立性に対する脅威であるため，任命と報酬に係る取り決めの目的は，監査に対する圧力を除去できないのであればそれを抑えること，またすべての利害関係者に関与させることでなければならない。そうすることで，監査人の独立性に対する利害関係者の信頼が確保されることになるであろう。

(d) 受益者たる監査人

ある人物が，取締役，経営者あるいは組織の管理者から，彼らに有利になるように便宜を図った結果として金銭上のベネフィット，あるいは設備その他の使用からベネフィットを受ける立場になる関係にある場合，そのことは当該人物に関わる監査上の独立性という考え方にとって好ましいものではない。そのような関係は利害の対立を生じさせるが，それは監査人の精神的態度に意識的あるいは無意識に影響を及ぼし，監査人の公平性と客観性に係る立場を損ない，監査人による調査ないし報告の自由を害する圧力に監査人をさらす可能性をはらんでいる。加えてそのような関係は独立性の外観を害するものであるし，それゆえ利用者の監査に対する信頼に悪影響を及ぼす。

(e) 被監査組織に対する過度な報酬依存

公開実務にたずさわる監査人に対する意識的な,あるいは無意識のうちの不適切な圧力のさらなる源泉は,収入の主要な部分を1つの被監査組織に依存していることである。監査人の収入のうちのその部分が,そこからの撤退が監査人個人に対して深刻な影響を及ぼすほどに重要であるとすると,その監査人は契約停止の脅威にさらされており,それが精神的態度と調査および報告の自由に重大な影響を及ぼす。監査人が自分の任命に責任を持つ者を喜ばせ,またそれらの者と不和とならないよう望むことは理解できる。しかし,そういった欲求を持つことで,意識的にあるいは無意識に,困難な監査上の諸問題に対してそれらの者の利害に合致する解決策を,監査機能の遂行に必要な程度の無私の姿勢,客観性および公平性を持つことなくあまりに容易に選択する可能性が生じる。こういった状況が特に危険なのは,それが隠され,監査に依拠する利用者に明らかにされることがないと思われるからである。

金銭的な利害あるいは依存に関する以上の例は,監査人の精神的態度に影響を及ぼす,そして/あるいは,監査人の制約のない調査および報告の自由にとって有害となる可能性をもつ状況を示している。監査人に対して金銭的な影響を及ぼす,それゆえ監査人の思考と行為の独立性を害するかまたは害するように見えるかもしれない状況が他にも存在することは疑いもない。この種の状況はどんなものであれ監査の独立性にとって好ましくないに違いなく,またそれら状況によって影響を受ける人たちからすると,監査人としての特性を失わせるようなものであるに違いない。

4. 調査および報告上の自由

すでに述べてきたことであるが,監査報告に依拠する者の側での遠隔性を原因とする無力さ,つまり情報へのアクセス手段を欠いているという問題を克服できるためには,監査人は客観的でかつ誠実な報告者でなければならない。監査人は公平であるだけでなく,公平であると認められなければならない。監査人の機能は,事実を調査し,その後,他者が作成した報告書あるいは情報の質,

そして／あるいは行為の誠実性や合規性を証明すること，または，監査対象である者の行為，成果あるいは業績に関する追加的な情報や意見を提供することである。監査の目的は，情報に基づく判断のための十分な基礎を提供することにある。監査人が利用者のニーズと期待を満足させ，それゆえ監査の社会的機能を果たすこととなる，制約を受けない証明，報告あるいは意見を提供することが可能となる唯一の基盤は，存在しかつ監査人自身が必要と考えるすべての関連情報に対するアクセスの権利を限定されることなく有していること，そして調査の結果として自身が適切と考える証明をし，意見を報告ないし表明する際に何ら制約を受けないことである。こういった調査および報告の自由に対する障害は，どんなものであれ監査の価値を低下させる。もし，その障害が十分に大きいものであれば，究極的に言えば，利用者の信頼を失墜させることによって完全に監査の目的が挫かれることになる。調査あるいは報告に対して，どんな者であれ他者が干渉することで，客観性と公平性の原理と相対立する偏向がそこに入りこんでくる。その人物はそのような干渉をすることで，監査の結果に影響を及ぼすことへの関心を示すことになるが，それは他の利害関係者が監査人に対して抱いている思考と行為の独立性の期待に反することである。調査および報告の自由とは，ひとたび監査の目的が監査の委託事項のなかで定められると，監査人はすべての者，とりわけ監査対象であるすべての者による以下の事項を受け入れることができないことを意味する。

1　指示
　（a）何が監査における調査の対象となるべきか，あるいは対象となるべきでないかについて
　（b）監査において調査をどのように実施すべきかについて，あるいは
　（c）いかなる証拠を収集あるいは承認すべきかについて
2　立案もしくは実施した監査について，その適切さを判断する意図をもってなされる監視あるいは検閲
3　監査報告書に何を含めるか（あるいは含めないのか！），そして／あるいは，それをどのように表明するかに関する指示

監査人は，監査上の任務として委託事項を履行できるために自身が必要と考える調査を実施し，かつ証拠を収集し検査する，また委託事項が求めるとおりにかつ監査上の調査によって証拠づけされたように網羅的かつ明瞭に報告する職業専門家としての個人的責任を負っている。委託事項はいつも同じであるというわけではない。それゆえ各ケースで，調査，証拠および報告として何が必要とされるかについて判断するのは，監査人個人の責任である。職業専門家としての能力や成果に関して，監査人が準拠しなければならない認められた基準は存在する。そして，この主題については後である程度詳細に取り扱う。しかし，その枠組みにおいても，監査人は自分が必要と考えることを行う自由を持っていなければならない。

　記録，文書あるいは口頭による説明に対するアクセスを拒否されることは，隠されている情報の持つ影響に関する疑義を監査人の心のなかに生じさせるに違いない。他の集団，とりわけ監査の対象となっている他の集団による指示，監視あるいは検閲の目的は，検査されたかもしくは検査されるかもしれない記録，文書および口頭による説明に対するアクセスの必要性あるいはそれらの目的適合性に関する監査人の考えに影響を及ぼすことであるに違いなく，それはアクセスに対する間接的な干渉である。これはまた，そのような意図の背後にある動機に関して，監査人の心のうちに疑義を生じさせるかもしれない。この疑いは，アクセスを手に入れること，あるいはアクセスに対する制限または圧力を取り除くことによってのみ解消できる。さもなければ監査の独立性が害される。

　監査報告書は情報を伝達することを意図するものである。その情報伝達は，行動を起こす権利を与えられた者あるいは行動を起こす責任を負う者が，情報に基づいて行動を起こすためになされるのであり，その情報とは監査人が求める情報であり，それゆえ監査において収集するよう指示された情報である。監査報告に対する干渉は，当該情報伝達の内容を変更し，干渉がなければ辿ったであろうものとは異なるコースを辿るよう行動を促すことを目的にしているにちがいない。これは監査報告を歪めることであり，監査目的が達成されないこ

とを意味する。それは，監査人に期待されている思考と行動の独立性に反しており，それゆえ好ましからざる干渉である。

報告の自由には，監査報告書を，それを受け取る正当な権利を有するすべての者に，制限のない形で公表することが含まれる。中央政府，地方政府の諸機関，あるいはパブリックボードの場合には，公共の利益のため，監査報告書は公開文書であることが要求される。他の組織の場合には，パブリックアカウンタビリティの程度が，公共の利益にとってどのような形での公表が必要とされるかを決定するであろう。たとえば有限責任会社の場合，年次決算書を監査報告書を添付したうえで会社登録官（the Register of Company）に提出しなければならず，それゆえ決算書は監査報告書なしでは流通されることはない。他のケースでは，監査の社会的な目的を果たすために，どの程度一般に流通させるかは考慮すべき問題である。

5. 組織上の地位

監査人の任命と監査の実施に関する法律上および組織上の取り決めは，監査人の独立性にとって極めて重要である。これら取り決めは，独立性を支えるものにも，独立性を害するものにもなり得る。取り決め自体が監査人を独立した立場にするわけではないであろう。独立した立場でいるかどうかは監査人個人の問題である。すなわち，それは，監査人の精神的な態度に関わる問題であり，また思考および行為の独立性を監査人が実践するという問題である。このような取り決めとは関係なく，監査人は独立した立場でいられるのかもしれない。しかし，取り決めが不満足なものであるとすれば，独立性と結びつくすべての自由を保持することがいっそう困難に，あるいは不可能となるであろう。また，満足のいかない取り決めは，おそらく，そしてほとんど間違いなく独立性の外観にとって害となるであろう。利用者が監査人の独立性および実施された監査をどう認識しているかが，監査報告の信頼性，信憑性および権威に対する利用者の信用を条件づけることになる。

もし，監査人個人の独立性と，監査人が指示や制約を受けることなく調査し

報告する自由に対して，利用者がほんの限られた信頼しか持てないならば，監査報告書は利用者にとって限られた価値しかないことになる。それゆえ，監査の独立性を確保するために満足させなければならない法律上および組織上の取り決めを確立することが重要である。その目的はやはり，公然とであれ間接的にであれ監査人が圧力を受けないことを確保することである。その圧力とは，監査人の調査あるいは報告の公平性と客観性を害するべく監査人の精神的な態度に影響を及ぼすものか，あるいは他者にそう信じさせ得るものである。その目的は，また，監査人による調査および報告の自由を妨げるものが存在しないことを保証することである。これまで取り扱ってきた独立性の諸側面を保護するあるいは促進させる条件を確保するために必要な取り決めに関しては，すでに言及してきたところである。考慮しなければならない事項が他にもあり，それは以下の2つのグループに分けられる。

　(a) 任命の条件　　　(b) 業務の条件

(a) 任命の条件

　いかなる監査状況においても，監査の結果に利害を持つ集団が2つ，あるいはそれ以上存在する。監査対象者は，どんな規準が使用されているのであれ，自分たちの行為や業績がそれに準拠した満足のいくものであると判断されること，あるいは自らが作成した情報が関連する規準に満足のいく形で準拠しているものと証明されること，を確かなものとすることに関心がある。監査報告書の宛名となる者は1つの集団に属するかもしれないが，利害と優先事項の異なる複数の集団に細分化されるように思われる。すべてのグループが必ずしも名宛人として明示されるわけではない。しかし，上記目的に関していえば，名宛人には，監査の対象である組織の指揮，経営あるいは管理を委任された者の行為，成果あるいは業績の質，または監査の対象である情報の質に関心を持つことに正当な法律的，社会的あるいは道徳的権利を有するすべての者が含まれる。

　特定の誰かあるいは特定の複数の誰かが監査人を任命しなければならない。

基本的な原則は，監査人の任命は，監査の結果によって影響を受ける立場にある者，そして／あるいは監査人による調査および報告に影響を及ぼすことに利害を持つ者によって行われるべきではない，というものである。もし監査人が任命に関してそのような者に依存する立場にあるとすると，監査人は潜在的に圧力ないし影響力にさらされていることになる。監査人が圧力ないし影響力を受けている可能性は，独立性の外観に間違いなく悪影響を及ぼす。そういった可能性はまた，意識的であれ無意識であれ，監査人の精神的態度に影響を及ぼし，客観性や公平性が欠けることで実際に独立性を失うことになるかもしれない。圧力ないし影響力が実際に作用することは，もちろんまったく好ましくない。

　監査の目的は，監査を依頼することでその要求が満たされる集団にベネフィットを与えることである。そのベネフィットをもたらし，かつその利益に奉仕するように委託事項が考案される。委託事項は，関連する利害関係集団ないし諸集団による依頼内容である。監査人は，特定の方面からその最初の指示を受けなければならない。つまり，「監査」は普遍的な意味を持っているわけではない。監査は，特定の状況および関連する利害関係者集団ないし諸集団の要求と関連づけられる必要がある。その最初の指示を受け入れることは，監査目的として明記された事項の履行に際して調査および報告の自由を制限しようとするものでなければ，監査の独立性を害するわけではない。監査からベネフィットを受けたいと考える者による監査人の任命と，監査目的および委託事項を定める取り決めは，そういった権限を持っているという理由だけでは監査の独立性を害しない。しかし，その取り決めには，任命権を有する集団あるいは集団のいずれかの側による不適切な圧力ないし影響力から監査人を守る規定を含んでいなければならない。監査報告書を受け取るすべての集団が監査に利害を持つ。それゆえ，以下のことが想定可能である。すなわち，それら集団のうちのいずれか1つあるいはそれ以上が，仮にそうする立場にいるとして，そのいわば圧力集団の利益となるように圧力ないし影響力を行使して監査人による調査あるいは報告を偏向させようと企てること，監査人の精神的態度がそういった

状況が潜在する可能性により意識的あるいは無意識に影響され得ること，あるいは他の利害関係者からみた監査人の独立性に関する認知がそういった状況の潜在する可能性によって影響を受け得ること，である。

　監査を受ける立場にある者に監査人の任命責任を負わせることは，監査人の独立性を害する。たとえば，会社の取締役あるいは経営者は，自分たちの報告書あるいは行為ないし成果について，株主あるいは他の外部集団に報告する予定の監査人を任命すべきではない。イギリスで広まっている，株主が取締役に対して監査人を任命する責任を委譲する実務は，原則的に言って望ましくない。株主が取締役による推薦を承認しない権限を保持していること，またときにその権限を行使することがあるという事実は，そういった実践が他のすべてのケースでも公共の利益のために必ず効果があることを保証しない。近年において，取締役が選択の際の基礎となるように多くの監査人からの競争的プレゼンテーションを受け入れるという手続の制度化は，監査人の独立性にとってよりいっそう大きな脅威となる可能性をはらんでいる。競争も，監査の概要や報酬の見積りを含むそのようなプレゼンテーションもそれ自体では好ましくないとまで言わないけれども，そういった手続は取締役に対して，調査の自由に対する不適切な影響力を，また報酬に対する圧力を行使する機会を与える。監査の範囲と深度，および監査報酬額を最小化することに関心を持ち，完全にあるいは主としてそれを基礎にして監査人の選択をする取締役は，監査人に依拠する集団の利益に必ずしも適うものではない。特にもしそういった取締役が不適切な動機から行動すると，監査に影響を及ぼすと同時に，費用対効果について適切な配慮のできる者として自己をアピールすることができる。監査人が，業務と責任の観点から必要とされる金銭的報酬より低い価額での任命を，継続的な任命を得て後に報酬を増加させることで「割引分」を取り戻すことを頼みに受け入れると，それだけで監査人の独立性が損なわれたことになる。再任命されることで得られる確定利益は，困難な問題あるいは意見の相違に関して取締役との対立を回避する傾向を，意識的にあるいは無意識に作り出す可能性をはらんでいる。

株主だけが責任を負うことなどほとんど実行不可能であるし，また，いずれにせよ別の懸念事項を生じさせる。主として株主に報告するために任命された会計監査人は，その独立性について完全に満足のいく取り決めの下では，他の利害関係者集団からは株主のための監査人と理解されるかもしれず，もしそれらの集団が監査人の任命に係る取り決めに関係する集団でなければ，それらの集団から株主に対して偏向を持つと疑われるかもしれない。従業員とその代表者は，長期的および／あるいは短期的な利害が株主のそれと対立すると思われる場合には，任命に係る取り決めが完全な公平性および客観性と，すべての集団からの絶対的な独立性とを保証することに満足しない限り，彼らもまた報告の対象となる，株主のための監査人を受け入れるとは思われない。取締役と経営者は，自分自身の利益のために，また会社の利益に配慮する会社の代表者として，監査人の能力とそのアプローチの第三者性に確信を持てるかどうかに関心を持つ。

報酬に関連してすでに上で述べたように，圧力を除去できないのであればその効力を消し，かつ監査人の独立性に対する各々の信頼が確保されるような形で，すべての利害関係者集団を関与させる取り決めを設けなければならない。利害関係を有する集団には，株主，取締役，経営者および会社だけが含まれるのではない。従業員の利益および公共の利益を認識する必要がある。

同様に，政府監査人の任命を政府の管理下に置くべきではなく，また地方政府の監査人は，常勤の役員にも選挙で選ばれた代表者によっても任命されるべきではない。パブリックボードや政府機関の監査人は，そのボードや機関に，また監査の結果に政治的利害を有する責任ある大臣により任命されるべきではない。各ケースにおいて，適切な取り決めが考案されるように，関連がある利害関係者集団を識別しなければならない。これには任命を独立した機関の管理下に置くことが含まれるかもしれない。

監査人の役割は，すべての利害関係者集団によって，私心のない公平な者であり，問題に関心を持つが利害対立の解決からは超然とした立場にある者として評価されねばならない。監査人は利害関係者集団のいずれに対しても，その

支持者ではない。利害関係者集団の利害が対立する場合に，利害関係者集団が自らの利益に対して党派的な関与を要求するとしても，彼らが目を向けるべきなのは監査人ではない。

すべてのケースにおいて最も重要な原則は，監査は完全に独立した機能であり，それゆえ，利害関係を有するすべての集団が，監査人の誠実性，公平性および客観性に確信を持つとともに信頼を置く必要があり，さもなければ監査の社会的な目的は達成されないであろう，ということである。

任命された後に監査人の立場を擁護する主要な手段には，任期中に免職されないこと—不法行為があった場合を除く—，と監査人にとって監査目的の達成を害すると思われる状況が生じた場合に，すべての利害関係者集団に対してそれを公表する権利を監査人に与えることが含まれる。

(b) 業務の条件

ここで考慮すべき事項は，監査の実際業務に影響を及ぼす状況であって，必要とされる精神的態度，思考と行為の独立性，さらに監査にとって不可欠な調査および報告の自由にとって害となるもの，また，関係する諸集団からみた監査人の外観や監査人に対する強固な信頼の害となる状況である。

監査人の独立性あるいはそれに関する知覚に潜在的に影響を及ぼす最も重要な状況の1つは，監査人がその他の業務，とりわけ監査に特有の独立的な性格を必要としない業務に関与することである。ここでの問題は，監査に従事している者が，もしそれに加えて私心のない公平さを求められない，つまり利害への関与を含むその他の業務に従事するとすれば，監査に必要とされる独立性を持って行為することができるのか，そしてそうするものであると理解され得るかどうか，ということである。彼らは，もし現に監査の対象となっている事項もしくは人物に対して，これまで非監査的な立場で関与したことがあるとすると，監査に必要な独立性を持って行動することができるのか，あるいは関連集団からみて監査人がそうできると見えるのであろうか。監査人は，監査との相克を生み，また監査人が中立的であるとともに中立的であるように見えなけれ

ばならない利害のいずれかに関与する立場にあり，かつその評価をも得ていることによって，独立性に関わる立場と評価を傷つけることになるのではないのか。監査人としての地位と相容れないが，監査人が実行できる種類の業務は存在するのか。ここでの問題は，監査人の権威と監査人の独立性，つまり独立した思考と行為に係る能力に対する制限のない信頼のうちのひとつに関わる。2組の状況が識別できる。第1に，その他の業務が監査対象となる組織と同じ組織に対してなされる場合，第2に，その他の業務が監査を受けている組織とは別の組織に対してなされる場合である。

　この問題はあらゆる監査状況に関連する原則の1つであるが，公開実務に携わる監査人にとって最も明確に現れる。少なくとも英語圏の先進国において公開実務に携わる監査人は，通常，職業会計士として，多様な専門実務のうちの1分野にすぎない監査を実践する公開実務に携わっている。公共サービスに従事する監査人—中央政府であれ地方政府であれ—は，職業会計士ほどその可能性は高くないが，監査以外のサービスの提供に従事するかもしれない。もし，そうであるならば，潜在的な利害対立という同じ問題が生じる。この問題は，組織内で監査としての立場で雇用された者についてもまた生じる。彼らが行う監査の文脈において，彼らの独立性に関わる立場は，非監査サービスに従事することによって潜在的に損なわれることになる。

　ここで生じる基本的な問いは，監査とは別の立場として関与することが，意識的であれ無意識であれ監査人の精神的態度に影響を及ぼすかどうか，監査の結果に対して監査人個人に利害を生じさせるかどうか，あるいは，監査の多様な側面のいずれかであれ，独立性を害する影響ないし圧力に監査人をさらすことになるかどうか，またはそういった関与によって監査に関心を持つ誰もが監査人の独立性が害されていると判断するか，あるいはそれらの人たちの考えでは監査人の権威を害することになるかどうかである。

同じ組織に対するその他の業務

　その他の業務が監査の対象となっている同じ組織のために実施され，かつ，

当該業務がその組織の取締役，経営者あるいは管理者との間の連携を含んでおり，さらには彼らの行為，成果あるいは業績に関する調査や評価ではなく，たとえば経営に関する相談および助言サービスまたは税務に関する助言および交渉のサービスの場合のように，彼らの目標ないし目的の達成への関与を共有する場合には，独立性が害されるかもしれない。監査人は，取締役あるいは経営者の諸事象に対する姿勢ないし解釈に対して，過度に好意的になるかもしれない。あるいは，その業務が取締役あるいは経営者が設定したシステムや情報の妥当性を評価するのではなく，システムや情報の構築に関与することになるかもしれない。等しく重要なのは，報告対象である人たちによって，監査人が組織とその取締役に対してあまりにも密接に関係しており，それゆえ独立性が害されていると理解されるかもしれないことである。

監査人と被監査側との間の状況とは対立と対決のそれであること，監査人は取締役，経営者あるいは管理者の観点を理解する義務を持たないこと，また組織の成功と組織目標の達成に完全に無関心であり得ることを主張しているわけではない。このことを強調することが重要である。しかしながら，監査の主要な存在理由からして，監査人は証拠を基礎に，監査対象者の行為または成果に係る基準に自らを方向づける義務を負う。被監査側の有利となるように考える傾向が原因となって，証拠の探求および調査とそれらに基づく報告に厳密さが欠けたとすれば，それは監査プロセスにとって害となるであろう。

もしその他の業務へ関与すること，あるいは被監査側とその他連携することが，意識的であれ無意識であれそのような傾向を生じさせるか，あるいはそのような傾向が存在すると他者を信じさせる可能性があるとすると，そういった関与あるいは連携は監査の独立性にとって有害である。

監査から生まれる監査対象事項に存在する欠陥事項に係る改善勧告は明らかに監査報告の拡張であり，監査の独立性を害するものとみなすことは決してできない。このような勧告と，計画や政策に関する助言をする経営コンサルタント業務との間にある専門的サービスの範囲において，いつの時点でそのサービスがそれを望ましくないものとするような関与を含むようになるとするのか

が，実際上の問題である。

　原則はこうである。監査人は，その精神的態度，公平性および客観性，そして思考と行為の独立性に潜在的に影響を及ぼすか，そのような影響を及ぼすかもしれないと他者が考えるサービスに従事することはできない。監査とそれに関連する保証機能について，他のすべてのサービスの禁止を可能とするような明確な定義づけを試みることを提案しているのではない。理解のために重要なのは原則である。原則を適用するならば，一般論として，ある組織の監査人が当該組織に対して政策に関する勧告を含むサービスを提供することが，監査の独立性と監査の独立性の外観を害するということはほとんど疑いがない。それは，監査の遂行によってベネフィットを得る人たちにとって監査の価値を減らす，また一定の状況下ではそれを破壊することになるであろう。

　考慮すべき対象が監査人個人の立場である場合には，問題はかなり明確である。しかし，たいていの場合，特に公開会社，パブリックボード等の場合では，監査人は1つの事務所 (firm) であり，それゆえ監査人として行動する者は，他のすべてのサービスに対して，それらは事務所の名の下で提供されるけれども，個人的な責任を負うことにはならないであろう。あるケースでは，これらのサービスを，同じ名称を持つ提携事務所が提供するかもしれない。組織上および構成上の構造がどんなものであれ，所属する事務所が別の立場で関与している事柄について，監査人がコメントをするかあるいは異議を唱えるかどうか考慮しなければならない場合には，意識的であれ無意識であれ思考と行為の独立性に圧力をかける利害対立が存在することになる。たとえば，次のような場合もまたそれに該当するであろう。取引を記録および処理するシステム，また内部統制システムを評価するに際して，所属事務所が別の立場でその構築あるいは開発に携わっていたという理由で，仮に好ましい評価を下す傾向がなかった場合に比べて，当該システムに対してより大きな信頼を置く場合である。絶対的な独立性という外観は，後に監査による精細な吟味の対象となるに違いない活動に関与することで不可避的に害される。別の部門あるいは事務所が同じあるいは類似の名称で実務を継続している場合，分離されていることの意味が

利用者である一般の人々に評価されているかどうか，また独立性に関する彼らの理解がそのような取り決めにより影響を受けるかどうかについて，何らかの疑念が存在するに違いない。経済的な結びつきあるいは法的な結びつき―特に共同責任および債務としての結びつきが残っている場合に，潜在的な独立性の毀損を完全に除去できるかどうかもまた議論の余地の残る点である。同じ事務所や提携事務所のパートナー間にある忠実心やよくある同情心は説得力のある証拠であり，考慮に入れないわけにはいかない。

　監査人による被監査組織に対するサービスの提供を禁止する必要があると主張しているわけではない。問題は，このことが独立性あるいは独立性の外観に及ぼす影響によって監査の権威が損なわれる可能性があることと，これはそれぞれのケースで考慮すべき事項であるということである。もちろん，監査人が監査人としての活動から得た知識と経験を経営コンサルティングあるいはその他の業務に活用することで，組織にとって正味のベネフィットが得られる。しかしながら，アカウンタビリティに公共の利益が関係する組織―公開会社，パブリックボード，政府等では，独立性の毀損はどんなものであれ避けなければならない。その他の組織では，独立性が損なわれていることは，それが監査報告書の宛名である関連集団に対して開示されかつ，黙従された場合に受け入れられるだけである。

別組織に対するその他の業務

　監査対象である組織以外の組織に対してその他の業務が実施される場合，被監査組織に関連して特定の利害対立や不適切な圧力ないし影響力が存在することはまったくない。また，非監査サービスに関与することが，ある精神的態度，つまり客観性が損なわれた態度を引き起こすことによって監査の独立性を害する可能性があることを，また監査人が一般的な取締役あるいは経営者の観点により不当に影響を受けるであろうことを主張する理由はまったくない。実際のところ，監査人が監査ではない状況で取締役や経営者と同席した経験は，当該監査人の監査能力に役立つものと思われる。

第4章 独立性 93

　より難しい問題は，監査人によるそういった関与が監査の独立性に関する慣習化された予測（institutionalized projection）に，そしてそれゆえ，個々の監査における監査人の独立性に関する利用者の理解に影響を及ぼすかどうかである。

　独立性に関する慣習化された予測とは，社会が作り出す独立性に関する一般的な見方であり，監査人の行為が監査人の役割についての社会の認知と一致している状況から作り出される。「独立性」とは，監査の決定的ともいえる特徴であり，社会の期待がそれを進化させてきた。社会がさまざまな状況の下で監査人の行為に接した経験は，監査人による行為の仕方が持つ意味に関する利用者集団の解釈による期待や理解を支持することもあれば，支持しないこともあるであろう。絶対的な独立性は1つの理念型の概念であり，また，（監査以外の業務との）あらゆる連携がそれを弱める可能性を持つ。もし非監査サービスに監査人が関与することが監査の独立性についての慣習化された予測に影響を及ぼす可能性があるならば，その影響が重要な意味を持つものであるかどうかが，実際上問題となる。

　事務所が，一般の人々の間で論争の主題となっている，あるいは政策的にみて慎重な取り扱いを要するコンサルタント業務やその他の業務に携わっていると，一般の人々はその事務所に対して，監査人の独立性と公平性に関わる制度面での評判に当然影響を及ぼすようなイメージを抱くことになる。個人としての監査人は関与していないという事実，また，その業務が委託事項—それは特別な問題に向けられるものであり，それゆえ監査とは同じではない—の履行に際して高度な専門基準に従って実施され報告されるという事実は，職業専門家としての独立性という一般的で倫理的な概念についてすでに疑念を抱いている一般の人々に対して，必ずしも強い影響を与えるものではない。

　監査人の独立性は，一般の人々によりただちに理解され承認されるような当然の考え方ではない。それを維持するために継続的で積極的な行動が必要である。

第4節 レビュー

　監査の独立性は，監査の信頼性と権威の構成要素の1つを成す概念である。監査の独立性は，独立した思考と行為，公平性および客観性に関わる監査人の能力に決定的な影響力を及ぼす精神的態度における監査人の独立性を通して，組織上，監査対象から分離することで，そして調査および報告の自由が存在するなかで達成される。

　組織上の取り決めやその他の関連する状況が，必要とされる精神的態度を支え，また他者が監査人の独立性を信じるようになる条件を作り出すことができる。しかしながら，組織上の取り決めやその他の状況が監査人を独立した立場にさせるわけではない。独立性は定義からして，監査人各自の個人的な問題である。仮に調査と報告の自由があるとしても，監査人は不満足な取り決めや好ましくない状況に抗って，適切な精神的態度を保持し独立心をもって行動することなどできない，と考える理由はまったくない。しかし，不満足な取り決めや好ましくない状況が存在する場合，利用者たる一般の人々の側での独立性に対する信頼は実現し難い。なぜなら，その監査人は独立性の外観を有していないからである。

　他方，理想的な組織上の取り決めやその他の状況は，独立性の実現に対する障害を取り除き，また独立性に対する信頼を支えるけれども，それらが，監査人が公平性と客観性をもって調査や報告することを保証できるわけではない。正しい精神的態度，独立した思考と行為，公平性と客観性，そして調査と報告の自由の行使は，究極的には監査人個人の資質に依存する。独立性から生じる監査の権威に対する信頼は，同様に，利用者が監査人の個人的な資質について抱いている見方に依存している。

　利用者は，監査人からおよび監査の主題から離れれば離れるほど，ますます組織上の取り決め，監査人に対する一般の人々の評判，また監査プロフェッションに関する一般の人々の理解に依拠して，特定の状況の下での監査の独立性について自身を納得させなければならない。この問題について個人的に評価で

きるほど十分に当該状況の近くにいるならば，利用者は監査の独立性に対する信頼の基礎として組織上の取り決めにそれほど頼ることにはならない。それでもなお，そういった取り決めは関連性があるとともに重要ではあるけれども。監査の独立性という1つの理念型の概念は存在するし，またその実現に資する要因やそれを害する要因を識別することは可能であるが，監査人の独立性は相対的であって絶対的ではない，というのがその理由である[2]。独立性の程度なるものが存在するし，また，適用すべきテストの厳密さは，監査結果の重要性，（私的利益とは区別される）関連する公共の利益に関わる諸要素，それに利用者の監査人からの遠隔性によって決まる。

　重要な問題は，権威と利用者の信頼である。もし，監査が絶対的な独立性やその外観がなくとも意図する目的にとって十分な権威を持っているとしたら，あるいは絶対的な独立性あるいはその外観にある不足分を別の源泉からの再保証により利用者が補うとしたら，監査の社会的な目的は達成されることになる。監査の社会的有用性は，絶対的な独立性やその外観には及ばないという事実だけを理由に無価値となるわけではない。

　中央政府の諸部門，地方政府，パブリックボード，公開上場会社（私的部門）および類似の組織に対する監査の場合，監査結果の重要性，公共の利益に関わる要素，そして遠隔性が相俟って，1つの要件が課されることになる。すなわち，独立した監査が実現すること，そして実現しているという外観が得られることについて可能な最大限の期待を生じさせるよう，監査人の最高度の独立性が要求されるとの要件である。小規模の非公開会社のように相対的に公共性の低い組織に関しては，監査人は個人としてなお客観性と公平性の基準に従わなければならないし，また監査に関心を持つ「対等な関係にある」（'arm's length'）利用者—銀行，債権者，従業員—が存在するけれども，監査人の立場を明確に識別することができる。独立性を基礎にして監査の信頼性と客観性を確立するに際して，監査人の資質や能力に関する個人的な評判の方が取り決めの厳密さよりも相対的にみて重要であるように思われる。しかし，確立された規準に照らしてその取り決めに不足する点がある場合には，それを開示すべきである。

公共の利益に関わる要素，遠隔性および結果の重要性に関して何らかの異なる点があるこういったケースでは，その組織上の取り決めが適切であるかどうかについて1つの見解に到達するように，あらゆる状況に対して考慮を払わなければならない。たとえば，小規模な非公開会社では，通常の状況下では取り決めに厳密さが欠けていてもその欠陥が開示されていれば，それが監査の独立性の実状に害を及ぼすことはないであろうが，利害関係者集団の間で明確な利害対立が存在する場合には，状況が異なるであろう。債権者ないし貸し手にとって極めて重要な状況，株主集団間の利害対立（不公平な取り扱いを受けた少数株主），あるいは賃金交渉に関わる情報の保証に対する需要は，監査の独立性およびその外観に対する信頼を裏づけるために，その取り決めにより高度な厳密性が不可欠となる状況を作り出すことになるであろう。

第5章

倫　理

　能力と独立性に加えて，監査の権威は，専門職としての監査の社会的地位と監査人の維持する倫理の水準によって支えられている。
　一般の人々の監査人に対する信用や信頼は，監査人の無条件の誠実性，客観性，そして該当する場合には監査人による公共の利益の奉仕に関する責務の承認，それは結果として私益を公共の利益より下位に置くことになるが，一般の人々のこれらに対する継続的な確信を拠り所にしている。それゆえ，信用と信頼を創造しかつ維持するために，監査人には一定の特性を自ら示すことが求められる。その特性とは，社会が専門職として認識し，かつ承認する職業に関して一般に連想される特性である。
　明確に識別可能な社会の職業集団として専門職を定義する試みは，専門職であるとみなされる職業が示していると考えられる経験的に見て確かな共通する特徴に言及することを除けば，ほとんどなされていない。しかしながら，専門職とは何であるかに関する一般的な理解があり，また専門職は専門職であるがゆえに権威を維持していることについて合意が存在するように思われる。監査はプロ意識がもたらす権威を必要としており，それゆえ，監査人は専門職集団として承認が得られるような特徴を自ら示さなければならない。

第1節　専門職の特徴

　専門職であると説明される職業の最も本質的な特徴は，以下の通りである。

1 専門職に従事する者は，一般の人々にとって欠くことのできないサービス（主として，健康，福祉，財産および法律関係，権益に影響を及ぼすもの）をその構成員に対して提供する。当該サービスには体系的な理論をその知的基盤とする知識と技能が要求され，また専門能力を身に付けるために上級レベルの教育，訓練および経験が必ず要求される。
2 提供するサービスの専門的な性格と複雑さゆえに，当該サービスに関する訓練を受けていない者はその品質をきちんと判断することができない。
3 サービスが専門的な性格を有している，利用者がサービスの品質を判断できない，また利用者がサービスに依拠できる必要があるという理由から，一般の人々の保護のために，当該サービスを提供する「有資格者」を，そしてそれゆえ依拠できる者を指定する手続が必要とされる。それに付随する結果として，「無資格者」もまたその手続により識別される。
4 結果として，一般の人々がサービスを実践する者の正直さと高潔さに依拠すること，それゆえまた，サービスの提供者が私欲を満たすことで大衆を欺く余地が存在するために，サービスを実践する者には，客観性，公平性および公共の利益に対する奉仕に関する誓約が求められる。
5 一般の人々はサービスを実践する者の能力と適切な行為に依存するため，能力および行為に係る水準を実践者が維持していることを監視し，また不満足な実践者を懲戒する，また該当する場合にはそれらを「資格者」から除名する手続が必要とされる。

第2節　専門職に対する規制

以上の特徴からの当然の帰結として，専門職の会員への加入と「有資格者」として認められることは同義であること，また，一般の人々の保護のため，その地位に達するまでの条件を規定する必要があることになる。それゆえ，以下の目的で，専門職集団に対する規制に関する取り決めを策定しなければならない。

1 当該専門職への加入のために必要な教育,訓練,および経験を明示すること
2 専門職の会員資格が継続あるいは停止されることになる能力,行為およびその他に関する条件を明示すること
3 専門職の会員資格に関して定められた条件を満足させた者が,一般の人々によってどのように識別されるかを規定すること
4 サービスの提供を,「有資格者」として指定された者に限定すべき特定の状況を明示すること

上記の取り決めは,国によって,あるいは国が権限を委譲した実務家の団体によって体系化することができる。後者は自主規制として説明され,また英国で利用されている方法である。自主規制は,好ましくない政治的影響を受けるリスクを規制から排除するという利点を持つ。しかし,自主規制は,慎重にこれを監視しなければ,一般の人々ではなく実務家の保護のための規制に成り下がるリスクを伴っている。

資格を付与された専門職集団を承認することは,サービスの複雑さと当該サービスの公共の利益に対する重要性が増すにつれて,ますます必要とされるようになる。有資格者,すなわち専門職のメンバーを指定することは,一般の人々が情報に通じた選択ができるように保護することを意図している。専門職に対する規制は,また,その性格上,専門職のメンバーを保護するための手段でもある。というのは,とりわけ,多くの指定を受けた保護される機能が存在する場合には,「無資格者」には門戸を閉ざすように競争を制限することになるからである。

専門職集団を承認することは,指定された機能が当該集団の会員に限定される点を除けば,それ自体では,当該集団の会員でない者が関連するサービスに従事することを妨げるわけではない。一般の人々は非会員によるサービスと契約する自由を持つが,能力や信頼性について自ら評価しなければならない。それゆえ,指定を受けていない機能の場合でさえ,専門職集団に有利に働く競争

要因が不可避的に存在することになる。

　それゆえ，規制が公共の利益を擁護するために必要なことに限定され，かつそれに向けられたものであること，その目的に必要なことを超えて拡張されないこと，すなわち専門職の会員のための限定された実務として歪められないことを保証する責任は，専門職と，公的なものであれ私的なものであれ規制機関の側にある。

第3節　職業行為

　専門職の会員が，一般の人々の信用と信頼，また「有資格者」としての承認がもたらしてくれる地位や経済的便益を伴う社会による保護や特権を享受し続けたいと考えるならば，専門職の会員として誠実性，高潔さ，および公共の利益に対する私心のない配慮を証明する義務を果たすために，会員に行為基準が課されることになる。

　専門職の会員であるとの主張が，十分に確立されかつ十分に理解された基準へのコミットメントを，会員が承認しかつ宣誓することを暗黙の裡に示している，とみなされていた時代があった。今日では，一般の人々への情報提供のため，会員に対する指針のため，また規制の基礎とするため，より形式的なアプローチが必要とされている。これまで，倫理規定（codes of ethics）あるいは倫理に係る指針（ethical guide lines）が作成されてきたが，そこでは，職業専門家に要求される徳に対する一般の人々の信頼を維持するために必要と考えられる，職業行為に関する原則が提示されている。

　職業専門家という考え方に対しては，批判する者が常にいる。そして，職業専門家の理念型として説明されていることについて，非常に多くの懐疑的な考え方が存在する。職業専門家に対する規制が私心の無い利他的な目的を持つとの考えに対して，それは証明されていない主張であるとして疑問が付されている。すなわち，特に自主規制のシステムにおいては，十分な知識の無い者（the uninitiated）の排除，参入統制，および会員に対する資格付与は，実際上の目

的として特定のサービスに関する市場をコントロールするために，また専門職の自律性と業務条件の統制を確立させるために設けている取り決めに対する口実であるとみられている。これは反駁されねばならない。なぜなら，公共の利益の観点から，専門的サービスの提供に対して求められているのは，プロ意識という考え方に含まれていることの本質をなすような性質であるからである。

第4節　監査プロフェッション

　以上のすべてが間違いなく監査の場合に当てはまる。アカウンタビリティが公的な統制および私的な統制の両方に関して必要とされている。監査はアカウンタビリティを確保するために必要である。一般の人々が監査の権威と監査報告の信憑性や信頼性を信任するためには，監査人の側にプロ意識と関連する資質が要求される。

　アカウンタビリティを確保する際に，財務諸表や他の計算書における情報の信頼性と信憑性に関して報告する際に，確立した規範を参照することにより測定された行為と成果に関して意見を表明する際に，監査人の報告と意見が社会的な価値を持つためには，つまり監査の実施を通してベネフィットと保証を得る人たちのニーズと期待を満足させるためには，監査人は誠実性，客観性，公平性および独立性に関する高い評判を確立させておく必要がある。監査人は，公共の利益，それはたとえば政府，パブリックボード，また公開上場会社といった，アカウンタビリティが一般の人々の最も大きな関心事であるような組織に関して最も重要であるが，その公共の利益を最優先に考慮することを承認していること，そして私欲をそれに従属させる覚悟であることを知ってもらわねばならない。監査人がこういったプロ意識を顕示する場合にだけ，一般の人々は，監査がその社会的機能を果たす能力に対して，信頼と信用の基盤を手に入れることができる。

第5節　倫理に関する指針

　倫理は，通常の，制限を受けない用い方で言えば，人間の行為に関する道徳原則を指す。職業倫理には社会倫理が含まれるが，それに限定されない。職業倫理規定は，専門職の会員向けの，正しい行為に関する基本原則あるいは職業行為に係る慣習を内容とする一組の規則または指針であり，プロ意識に関わる専門職団体の評判を守ること，すなわち，公共の利益が要求するタイプの行為の遵守を促進することを意図している。

　倫理に関する指針は，専門職の会員がサービスを提供する際に直面する問題に対応したものであり，また，信頼と権威を維持するために公共の利益に奉仕する行為の針路を規定している。

　監査人の権威を維持することを意図する職業倫理規定の最も重要な原則は，監査人の行為が誠実性，客観性，公平性，独立性，公共の利益の尊重および私的利益の下位化という教え（precepts）により，また監査プロフェッションを悪評にさらすことを何もしないとの配慮により統制されるべきである，というものである。

　倫理規定で通常取り扱う主要な事項は，以下の通りである。

(a) 職業専門家としての能力
(b) 職業専門家としての独立性と欠格者となる状況および関係
(c) 秘密保持
(d) 両立不可能な活動あるいは職務
(e) 専門的業務の獲得，宣伝および広告

1．職業専門家としての能力

　職業専門家としての能力が重要であることは，すでに3章で取り扱った。具体的にどんな業務を遂行するのであれ，能力に欠けていることは職業専門家と

しての権威と評判を傷つけることになる。この主題に関係する倫理に係る指針の目的は，関連する能力に対する一般の人々の期待を強調すること，また知識や実務の変化が求める専門能力を維持する監査人の義務と，必要な能力を備えていない特定の業務の割り当てを受け入れない監査人の責務を重要視することにある。

2. 職業専門家としての独立性

職業専門家としての独立性が重要であることは，すでに4章で取り扱った。監査人の独立性あるいは独立性の外観が欠如していることは，どんな状況であれ，監査人の職業専門家としての権威と評判を傷つける。この主題に関係する倫理に係る指針の目的は，監査の権威との関係からみた独立性の極めて重要な性格を強調することと，その時々の事情が要求するにしたがって，独立性を害する，またその結果として監査の権威と職業専門家としての評判を傷つけると思われる状況に対応する適切な行動を推奨することにある。

3. 秘密保持

監査人は調査の自由を有している。そして，それゆえ，*監査の目的に照らして必要と考えられる情報や説明を受け取る権利*が与えられている。その必要性を判断するのは監査人であり，不合理なやり方で情報と説明が与えられないことなどあり得ない。結果として，監査人は，非常に機密性のある（また個人の場合には，個人的な）性格を持つ多くの情報を保持することになり，そのような情報を他者に向けて開示することは，被監査側からすれば害を及ぼす，厄介な，おそらくはただ好ましくないものとなり得る。監査人は監査目的でのみ情報を利用するとの前提で情報を受け取る。監査人は誠実性に対する信用と信頼の基盤として，そして，それゆえ監査の権威に対する信用の基盤として，当該情報に関して秘密保持の義務を負っている。

倫理に係る指針の目的は，ここでもこの問題の重要性を強調することにあり，また，時に必要である場合には，優先すべき行動の針路を勧告するのに適

合する特定の状況を識別することにある。

4．両立不可能な活動あるいは職務

 4章ですでに言及したが，監査上の独立性と独立性の外観を確立し，かつ維持するうえで，監査人の組織上の地位に影響を及ぼす業務の諸条件がそれに関連性を持つ。監査の権威は，監査人の誠実性，客観性，公平性，および監査に関連する思考と行動の自由に対する信頼に決定的に依存している。監査人のこういった特徴に対する信頼を弱める，あるいは弱めるように思われる活動あるいは職務はどんなものであれ，監査の権威を傷つけることになる。

 これは特に困難な問題である。一般の人々の反応に敏感で，経験を踏まえた正しい判断が回避すべき活動を識別するために必要である。一般の人々の姿勢が変化することや新たな状況によって，推奨する行動方針を継続的にレビューすることと，時にそれを改訂および修正することが必要となる。

 指針の価値は，潜在的に困難な問題となると理解されることについて権威をもって監査人に勧告することにある。利害対立を生じさせるかもしれない活動は明らかに好ましいものではない。それゆえ，特定のコンサルティング業務についてはすでに4章で言及しておいた。投資マネジメントもまた利害対立の可能性をはらんでいる。公平な評価に対して負の影響を及ぼす可能性があると思われる，製品（たとえばコンピュータソフトウエア）あるいはサービス（たとえば保険）の代行のような付随的な活動もまた好ましくない。業務における客観性と公平性の原則，あるいは公共の利益に対する配慮や私欲を下位に置くことと対立するように見える宣伝活動は，一般の人々にとっては監査の制度上の地位や評判と矛盾するように思えるのかもしれない。これらは判断の問題である。それゆえ重要なことは，監査人は単に倫理に関する指針をあたかもそれが包括的で固定的な規則であるかのごとく従うのではなく，それに関連ある原則を遵守するということである。

5．専門的業務の獲得，宣伝および広告

　これらは，おそらく最も難しい倫理上の問題を生じさせる事柄である。監査人の行為に倫理面で制約を加える主な目的は，監査人と，監査人の誠実性，客観性，公平性および独立性，公共の利益に対する深いコミットメント，そして私的利益の下位化に係る能力に対する一般の人々の信頼を維持することにある。監査人はこれらに負の影響を及ぼすどんな行為も慎まなければならない。

　一般の人々，個人および組織は評判に基づいて監査人を選ぶものと予想される。参入規制，基準，懲戒手続やプロ意識が，能力に関する期待について安心を与えるはずである。仕事を求める懇請や広告，また仕事に対する興味を惹きつけることを意図した宣伝は，長い間，職業専門家としてのふさわしい行動に反する好ましくないものとみなされてきた。会計プロフェッションにおける倫理に関する文献に対する数少ない貢献のなかで，Barradell (1969, p.23.) は次のように述べていた。「会計士，医師，弁護士のような一般に認められた専門職が共通して持つ1つの特徴は，専門的な業務について，あらゆる形態での広告，懇請あるいは勧誘を禁じていることである。」と。それは20年に満たない以前に言われたことであるが，今日では，その教えがそういった断固とした曖昧さのない表現で書かれることはない。それは倫理に係る指針において具体的に述べられた根本原理であったが，そこにはいくつかの固有の矛盾が含まれており，そのことがこの20年に満たない期間の間でなされた指針の修正につながった。

　専門的なサービスに関連して単に情報提供のための宣伝をすることに何ら非難すべきところはないけれども，専門的サービスは定義に従えば性格や専門性について「素人」たる利用者の理解を超えた専門的なものであるため，すぐれた技能を有していると主張する，あるいは主張しているように思われる自己宣伝は，一般の人々を誤導し，それゆえ選択を歪めることになるかもしれない。選択に対して説得力ある形で影響を及ぼすのは，会計士個人あるいは事務所それぞれの職業専門家としての評判ではなく，むしろそのプロモーションの効果である。会計士個人あるいは事務所は，監査を実施する専門的な資格を付与されていることを一般に知らしめる手段をとるべきではないと，する理由はまった

くない。しかしながら，それを超えて，他の監査人に比べてより優れた技能をもつ，あるいはより良いサービスを提供する，またはその他より優れた点をもつと主張する，あるいは暗黙のうちにそれを示すことは，それ自体一般の人々には実証することも検証することも不可能であるがゆえに，公共の利益とはならない。もし，あえてそうするとすれば，誠実性に関する評判が危うくなる。また，自己宣伝は，私欲を下位に置くことに関する評判を不安定にさせる原因となる。

　一般の人々は判断のための基礎を持っていなければならない。良い評判というものは，実務において専門的技能を実証することで得られるものである。加えて，一般の人々に個人的に評価を下す機会を与える活動に取り組むことは，確かに適切である。しかし，監査サービスの営利マーケティングという考え方は，特にそれがもし「人目を惹く」ものでかつ，「積極的な」ものである場合には，仕事に目を惹きつける主な規準は職業専門家としての卓越さであるとの原則に反することになる。参入や訓練に関する規制は，プロ意識や倫理に関する教えの遵守と相俟って，監査人が受嘱する任務について最低限の能力を持っていることを保証することを意図するものである。一般の人々による選択は，職業専門家としての卓越性，あるいは性格や個性といったその他の属性に関する一般の人々の理解に基づくべきであり，そういった属性は選択する者の判断に委ねられている。

　独立性あるいは独立性の外観を傷つけるような監査業務の獲得方法は，どんなものであれ好ましくない。それゆえ，監査プロフェッションの制度としての評判を傷つける，またはそれを貶めると思われる実務もまた好ましくない。懇請，「押し売り」といった潜在的顧客に対して露骨にアプローチするやり方が監査人に期待される倫理の基準に対する違反とみなされるのは，こういった理由による。監査人の独立性を守るために，任用に対する何らかの保証が必要とされる。それゆえ，監査報告を行うまで監査人は解任され得ないことを保証する規定が，通常存在する。しかし，効果的な監査には，多期間にわたる継続的な任用（満足のいく成果を条件とするが）が必要であるかもしれない。それゆえ，監査人が現職に取って代わることに過度に積極的であることは，一般の人々に

とっても監査プロフェッションの権威にとっても長期的にみて利益になるとは言えない。しかしながら，これは競争に対する1つの制限であり，それゆえそれが合理的で承認できる制限であるためには，その正当性を証明しなければならない。そういった実践が，好ましい変更の機会の妨げとなる因習的な障害を作り出すことによって，相互防衛として作用する危険性がある。

　こういった問題が困難なものであるがゆえに，監査人の任命と報酬に関する十分に考慮されたシステムを設けることの重要性が強調される。そのシステムは，監査人の独立性と権威を守るとともに，すべての利害関係者の代表が手続に参加する必要性を認めるものである。

　倫理に係る指針は，具体的な状況の下で推奨される好ましい行動の方針を志向すべきである。指針を策定するに際して，競争の自由に対して課すべき制約の範囲を決定するのは公共の利益でなければならない。

第6節　水準の監視，監督および維持

　一般の人々の信頼と監査の権威を維持するためには，規制機関が監査人の行為と職業専門家としての水準を監視することが必要である。その監視システムが受動的で，報告された過失の申し立てに対応するだけにすべきか，あるいは積極的に，組織的な基盤の下で権限と資源をもって監査人の業務と行為を調査すべきなのかは，状況次第であろう。重要な問題は，職業専門家として，すなわち，「有資格者」として承認されるために不可欠な要素とは，承認に関わる基準を遵守しないことが結果として監査人をレビュー対象の立場に立たせるということである。等しく重要なことは，そのシステムを厳密に運用しているように見せなければならないということである。

　私的なものであれ公的なものであれ規制機関が運用する懲戒手続は，実務の水準を維持するための取り組みのうちの不可欠な一部である。それゆえ，規制機関は罰則を科する権限を，また該当する場合には会員としての承認を取り消す権限を有している必要がある。ケースにより複雑なものもあるかもしれない。

したがって，規制機関には，過失が申し立てられた場合にはその事実を確かめるため，人的資源に必要な調査を命じることが可能であることが必要とされる。

もちろん，こういった懲戒手続は，過失あるいは詐欺の申し立てがなされる場合の民事あるいは刑事の訴訟とは別物であり，明確に区別される。ゆえに，いかなる点においてもそれらに取って代わるわけではない。

能力と行為に関する満足のいく水準について一般の人々が持つ期待は，公共の利益に配慮した上での公正で公開された懲戒手続の適用によって保証されるであろう。たとえば，懲戒手続が（実際はどのようなものであれ）監査人を擁護する傾向があるように見えることで一般の人々を保護していないように思われると，それは専門職の公平無私さについて元来持っている懐疑心を刺激し，監査人の権威が蝕まれる結果となるであろう。倫理規定が形式的なものではなく判断を要する性格を持つこと，そして，その結果として過失を定義しかつ証明することが素人の理解できないほどむずかしいことが，倫理規定が一般の人々のために熱意と厳密さをもって履行されない，また職業専門家は攻撃されるとお互いに助け合うために「一致団結する」と一般の人々が考えることを後押しする傾向にある。それゆえ，懲戒プロセスの信頼性と権威を，また，結果として監査人の権威を高めるために，そのプロセスに職業専門家ではない者を関与させる規定を作る必要がある。それゆえ，監査の権威を維持する手段の1つとして，懲戒手続の重要性はいくら強調しても強調しすぎることはない。

監査は一般の人々に対する重い義務と責任を伴う社会的機能である。監査人としての承認と名称は，監査人に対して一般の人々に対する責任を負わせるが，また同時に特権と保護を与える。監査機能を遂行する組織の形態は，適格かつ適切な者のみが業務を任せられるよう有資格者として任命されなければならず，また任命された者であっても必要とされる水準を満たさなければ即座に除名されるようなものでなければならない。監査人が享受する特権と保護は，社会がその見返りとして，社会的にみて目的適合的で厳密でかつ権威ある監査が与えるベネフィットを享受していることが明らかな場合にのみ，社会から与えられ続けることになるであろう。

第Ⅲ部

プロセス

第Ⅲ部への序論

　監査のプロセスは，監査人が責任を果たすために実施する必要があることと関係している。どういった種類の調査を企てるべきなのか。つまり，どの程度，深度および範囲で調査すべきなのか。どのような情報や記録を検査すべきなのか。また，どんな目的で。どういった証拠を収集すべきか。また，さまざまなタイプの証拠にどのように重み付けをすべきか。どれくらいの量の証拠が必要なのか。証拠からどういった結論が導き出されるのか。監査上の検出事項を，どのような言葉を用いて誰に報告すべきなのか。

　監査のプロセスは，監査の主題となっている事項に関する体系的な検査であり，監査人の考え方に影響を与えるとともに，監査人が意見ないし報告に到達するために結論を導き出し判断を行使する際の基礎となる，関連事実を発見することを目的とする。

　実施する検査の性格，必要とされる証拠，確かめる事実，そして検討する結論は，特定の状況の下でのアカウンタビリティの性格とそれに応じた監査の目的によって決まる。監査の目的が検査すべき事柄と必要な証拠を決定し，それにより監査人は当該目的を満足させるという条件の下で意見を表明，あるいは報告書を作成することができる。次に，検査してきた事柄と収集してきた証拠が，報告あるいは意見として監査人が表明できることを決定する。実施できる検査あるいは収集できる証拠に不十分な点があれば，それは結果として，監査目的を達成できない，またはそれを完全な形では達成できない旨の報告あるいは意見につながるかもしれない。たとえば，政府の経済性と効率性に関する監査では，年度財務諸表が与える概観に関する意見の表明を目的とする監査と比較して，それとは異なる調査，異なる証拠，そして異なる問題に関する判断の行使が求められる。

　いかなる場合でも，調査の実施と証拠の収集がなければ，監査人は意見を表明することも報告書を作成することもできない。すべての監査においてプロセ

スのパターンは同じであり，以下の事柄がそこに存在する。

(a) 監査の目的を確認すること
(b) 調査を計画すること，また収集すべき証拠を明確にすること
(c) 調査を実行し，かつ証拠を収集すること
(d) 証拠を評価すること—関連性，適格性，十分性，説得力
(e) 証拠から結論へと進むこと—合理的な推論，計算，比較
(f) 入手してきた情報に基づいて判断を行使すること
(g) 報告あるいは意見を正式に表明すること

以上の要素が，監査プロセスの明確に区別できる3つの段階を形作っている。

1　証拠の収集，評価，およびそこから結論を導出すること
2　判断を行使すること
3　報告すること

　監査実務と手続は，証拠の組み立てという目的に方向づけられる。証拠は，監査人に対して，報告をするために判断を行使しなければならない事項を知らせる。というのも，証拠がなければ監査は存在し得ないからである。
　監査証拠を構成する概念や定義，Mautz and Sharaf (1961, p.68) が「適格な証拠資料」と説明しているもの，また，監査人による証拠の利用を支配する原則は，きわめて重要であり，監査に関するあらゆる理論の中核的要素となるものである。それゆえ，以下の問いに対処することが必要である。何が監査証拠を構成しているのか。監査証拠の評価に関わる規準とは何か。監査意見あるいは報告を裏づけるためにどれくらいの量の，またどういった種類の証拠が必要なのか。証拠と監査人の確信度との間にはどんな関係があるのか。
　以上の問いのいずれに対しても完全に満足のいく答えは存在しないかもしれないが，これらを検討しなければならないのは明らかである。なぜなら，監査

実務と監査報告は答えが存在することを前提にしているからである。さもなければ，監査は実施不可能となる。

　監査プロセスの最終段階は，監査意見あるいは報告の文書による伝達である。ここで用いる文言は極めて重要である。というのも，監査人は，多くの場合，詳細かつ複雑となる調査の結果を，網羅的に，簡潔に，かつ曖昧さがないように伝達しなければならないからである。その文言は，意見あるいは報告の宛名である者が，証明の与える保証の質や範囲を，あるいは行為，成果または業績のうちのどの側面をまたはどの程度，たとえば経済性または効率性の達成具合のような期待標準と比較するのかについて，理解できるような内容でなければならない。また，その文言は，行為，成果あるいは業績のどの側面が標準を下回っているのかについて，宛名となる者が正確に理解できるようなものでなければならない。

　監査人の責任は，監査報告の宛名である者が十分な知識を持って意思決定を下し，その意思決定に基づいて目的に適う行為を選択することができるようにすることである。監査人の役割は，誠実かつ公平な報告者としてのそれであり，また，それゆえ報告は偏向がなく，かついずれの利害にも与するものであってはならない。監査対象である集団にとって潜在的な価値が存在する。監査報告の持つ公平な性格は，監査人の誠実性に対する信頼や監査人の判断の信憑性の承認という点で被監査側にとって重要である。もっとも，監査人と被監査側の意見は必ずしも一致しないかもしれないが。したがって，監査報告書の文言は，監査の社会的機能の履行のみならず，監査の権威の維持にとっても重要である。

第6章

証　拠

第1節　基礎的公準

　2章で提示した基礎的公準のうちの3つは，監査証拠論に関する考察と関連している。その最初の公準が根本的なものであり，それは，証拠がなければ監査人は判断を下し，意見を形成するあるいは報告書を提供するための基礎を持たないということが不可欠の前提である，と言明する。

　　監査の対象となる主題，たとえば，行為，成果もしくは業績，あるいは事象もしくは状況に関する記録，あるいはこれらすべてのことに関する言明もしくは事実は，証拠による検証を受け入れることができる。

　主題が，監査のために必要な「証拠」のまったく存在しない事柄であるために，証拠による検証を受け入れることができないとしたら，それに対する監査は存在し得ない。調査の後で，監査人は，検証可能性を欠いているがために監査意見も監査報告も不可能である，と報告するしかない。
　監査の主題は検証可能であるが，監査証拠がもはや存在しない，あるいは入手できない場合も，同様の結果が生じる。つまり，監査意見も監査報告も不可能である。

　関連性がある2つ目の公準は次の公準である。

アカウンタビリティ，たとえば，行為，成果，業績，および情報の質に関するアカウンタビリティの基準を，アカウンタビリティの義務を負う者のために設定することができる。実際の行為，成果，業績および質等は既知の規準を参照することにより，それらの基準に照らして測定および比較することができる・・・

　この命題は，具体的な規準の根底にあるものである。監査人は，監査機能を果たすべく監査意見あるいは報告を準備できるように，入手しなければならない証拠を決定するために規準を確立しなければならない。監査人は，関連する行為，成果，業績または質を測定し，監査の委託条項で明示または黙示されている基準とそれらを比較できるように，調査を実施し，証拠を入手しなければならない。それゆえ，承認を得た基準が設定されておかなければならず，また，監査人はそれらが何であるかについて，知っておかねばならない。
　最後に，

監査は経済的あるいは社会的ベネフィットを作り出す

という公準は，証拠を収集するのに要する経済的および社会的コストがそれのもたらす経済的および社会的ベネフィットを上回り，純額でコスト，すなわちマイナスのベネフィットとなる場合には，収集する証拠に制限を課す。代わりとなる証拠源泉を監査人に考慮するよう求めるのがこの制約条件である。この制約条件は，監査計画を策定し，それを実行に移し，また実施中に経験したことの結果として，必要ならばそれを修正する際の重要な要因である。この制約条件はまた，不可欠であるものと，関心があるもしくは望ましいにすぎないものとの区別を監査人に要求する。
　時間とコストは重要である。それゆえ，この公準は，追加して得られる保証が追加的証拠を得ることにより生じる時間とコストによって正当化されるという条件を満たすために，監査人がこの厳密なテストを適用しなければならない

ことを意味している。この公準はまた，同程度の，つまり十分な保証を与える代替的な証拠源泉が存在するかどうかを監査人が考慮しなければならないことを意味している。Mautz and Sharaf (1961) はこの問題について議論し，次のような結論を導き出し得ている。

　たとえ*強制的な証拠が入手可能であっても*（強調は引用者による），監査人には，これを入手するに必要な措置を講ずる時間が許されないかもしれない。‥‥［そして］取るに足りない金額の資産の存在を確かめるために多大のコストを払うことは，たとえできたとしても，合理的ではないであろう。また重要な金額の資産の存在を立証するために多大の犠牲を払うことも，もしその他の証拠が十分に説得力を持っており，かつ，よりたやすく入手可能であるならば，多大のコストを払うこともまた合理的ではないかもしれない。強制的な証拠と極めて説得力のある証拠との相違は，強制的な証拠を入手するために余分のコストを認めるほど重要ではないかもしれない。これに反して，他の条件が等しいかぎりでは，強制的な証拠がよりいっそう望ましい。

(Mautz and Sharaf, 1961, pp.84-85)

第2節　適格性ある証拠

　目的に適った適格性ある証拠を入手することは，監査における調査過程の中核となる目標である。もし，利用可能な証拠に制限がある，欠けているまたは不十分なところがあると，監査人の意見あるいは報告書は，結果としてその不足分に言及することによって，限界を示す，制限を設けるあるいは限定を付すことになる。証拠の質とその範囲が，監査人の意見あるいは報告書における文言を決定する。それゆえ，監査人にとって極めて重要な課題は，関連する問題に対して監査証拠が持つ意味，重要性および説得力を評価することである。監査人が特定の事項について抱く確信の度合いは，当該事項を裏づけるために入

手可能な証拠に関する監査人の評価に依存している。証拠と責任との間の相互作用および相互依存関係は，調査計画と報告書の文言の双方を決定する際の極めて重要な要因である。Limperg（1985，初版 1932/3）は，彼の「Theory of Inspired Confidence」に関する説明のなかで，次のような言い方で監査人の二重の責任を説明している。

　監査機能がその目的を果たすことができるためには，実施する業務と会計士の能力により正当化される以上の信頼がその成果に置かれることのないようにするのがよい。他方で，反対に監査機能はその成果に対して置かれる信頼を正当化するような仕方で遂行されねばならない。
　それゆえ，Theory of Inspired Confidence の規準となる中核部分は次のようである。すなわち，会計士は自らが賢明な素人のなかに生じさせた期待を裏切らないやり方で業務を遂行する義務を負う。そして，反対に会計士は実施する業務により正当化できないほどの大きな期待を生じさせてはならない。この簡単な金言は，期待の趣旨に関係なく当てはまる。つまり，期待が大きくても控えめなものであっても，社会の期待が落胆におわることはけっしてないであろう。本理論はその規準となる中核部分において，会計士が個々の特定のケースでしなければならないことについて明確なルールを定めているわけではない。本理論は，その判断を職業専門家である会計士に任せている。しかし，本理論は，その判断のための1つの指針として，この一般的定めを会計士に与える。これは，監査機能の実効性ある方向，それゆえ社会におけるその働きが監査機能の生じさせる信頼により決定される，との考えに基づいている。結果として，本理論は，会計士に対して次のことを期待する。各々の具体的なケースにおいて，会計士は自らが生じさせる期待が何であるかを確認すること，すなわち各々の具体的な機能の遂行に伴い自らが生起させる信頼（the confidence that he inspires）の趣旨を理解することである。その目的のために，会計士はそのような信頼の中身を決定づける要因について識見を持つ必要がある。(Limperg, 1985, pp.17 and 19)

監査人の責任は，年次財務諸表に関する監査人の報告書のように規定された内容を持つものであるか，経営監査に関する監査人の報告書のようにその状況に具体的に関係する内容を持つものであるかに関係なく，ほとんど常に意見を表明することにある。一般的な規則として，監査人は証明するわけではなく，保証を与えるわけでもなく，また確実さを求めているわけでもない。監査人は何かを立証するために証拠を探し求めているのではない。監査人は十分な証拠を求めるのであるが，その証拠は意見あるいは報告の基礎を提供するだけでなく，監査によるベネフィットを求める人たちのニーズと期待を満足させる水準の確信を監査人に与える。監査人に求めるものは職業専門家としての意見である。証拠はその意見の合理的な基盤を与える。要求されるのは専門的意見であるため，監査人が証拠の意味するところをどう理解するか，また意見を形成するあるいは報告書を作成するのに十分な証拠を入手したかどうかを決定するのは，究極的にいって個人の判断の問題である。監査人の意見は専門家の意見である。それゆえ，それは監査に関する知識，訓練および経験に基づいている。監査人が自身の判断を行使する上での枠組みが存在するし，また監査人が意見に到達する際に顧慮すべき専門基準がある。したがって，一定の規準に照らした証拠の精細な吟味，証拠の評価，そして証拠から導出可能な結論を決定するための基礎がなければならない。監査証拠の理論は，こういった基礎や規準がどういったものであるかということと，証拠と結論との間の論理的なつながりに関心を持つ[1]。

　重要なことは，証拠が監査人の心に及ぼす効果であり，また，監査報告書が監査が達成を目論んでいるベネフィットを伝達するように，監査証拠が検討対象である問題について監査人を十分な確信の状態に導くかどうかである。それゆえ，監査人の心に影響を与える可能性のある問題に関係することはなんであれ，その証拠としての質を考慮しなければならない。監査人が，口頭による証拠，文書による証拠，物理的形態を持った生産物，演繹的推理，推論および確率に関心を持つのはこういった理由による。これら証拠の各々のタイプは，さまざまな程度の説得力を持つという点で限界を有している。監査人は主題との

関係から，また監査人が持ちたいと思う確信度に関連づけて，証拠の説得力を評価しなければならない。

証拠の説得力の面での質は，当該証拠が本来有する性質と当該証拠の入手源泉の信頼性に依存している。たとえば，被監査側の統制下にある者を源泉とする口頭および文書による証拠は，公平な第三者を源泉とする独立した証拠と同じ品質を持たない。一見すると独立した立場にある者を源泉とする文書的証拠は，その真正性や，それが作成される際の配慮や慎重さに関して何らかの保証がなければ，限定された価値しか持たない。証拠は，表面的な価値では受け入れることができないのである。

調査対象に関係する証拠で，2つ以上の源泉から入手されるものがある。同じ問題に関する口頭的，文書的および物理的証拠と演繹的推理の2つあるいはそれ以上の証拠であって，各々が異なる程度の説得力を持つと思われる場合である。各々の証拠それ自体は，監査目的にとって限られた価値しかなく不十分なものであるが，すべてが同じ問題に関係を持ち，異なる源泉から入手した多様な性格を持つ証拠は累積的な効果を持っている。それゆえ，監査人が評価しなければならないのはこの点である。

監査が異なれば，監査の主題に関して監査人に情報を提供するために必要な調査は異なるし，また収集する証拠も異なるが，監査プロセスは本質的に同じである。実際の事象や行為に関する十分な証拠がなければ，監査人は，たとえば，以下のことに関して意見を形成することはできない。

会計記録の妥当性や完全性——誤謬，虚偽表示，不正，不誠実，詐欺の不存在

会計報告書が与える情報（財政状態が適正に表示されている，あるいは法律に準拠している，または事態に関する真実かつ公正な概観が与えられている）

政府の諸部門における，たとえば保健，教育あるいは防衛に関する政策の遂行に係る行政の経済性そして／あるいは効率性

定められた目的の達成に関連する政府の政策の有効性

企業の経営管理における複数の機能領域の水準（経営監査）

内部統制および方針の遵守と政策目標の達成からみた達成の程度（業務監査）

第3節 証拠の計画，収集と評価

　会社の財務諸表に対する年次監査のように，委託事項に変更のない継続監査の場合，調査を計画し，証拠を収集および評価するプロセスは，他の監査の場合より構造化されており，また，その細部とまではいかないが様式はより標準化されている。しかし，原則的には，すべての監査でそのプロセスは同様である。当該プロセスには以下のことが必要となる。
　(a) 監査の目的を確認すること
　(b) 調査を計画すること，また入手すべき証拠を明示すること
　(c) 調査を実行し，かつ証拠を収集すること
　(d) 証拠を評価すること――関連性，適格性，十分性，説得力
　(e) 証拠から結論へと進むこと――合理的な推論，計算，比較
　(f) 入手してきた情報に基づいて判断を行使すること
　(g) 報告あるいは意見を正式に表明すること

　監査における探求は，目的適合的な証拠へと方向づけられる。目的適合性のある証拠が何であるかは，もちろん，監査の主題と監査目的によって決定される。証拠の源泉と性質は，証拠を評価し利用するために必要な専門的知識，技能および経験と同じでさまざまである。しかしながら，発生する問題は，さまざまな状況の下で重要性に差異はあるけれども，一般に当てはまる。
　金銭およびその他の資源の管理や記録における誤謬，不正および不誠実に関して，求められる目的適合的な証拠は，監査人の負う責任のレベルによって決まる。すべての組織において，資源の安全な保管と記録および情報の真正性を確保するための取り決めを作る主たる責任を，経営幹部が負う。内部監査人は，こういった取り決めが遵守されていること，それが有効であること，そして，

そこからの逸脱が正され対応がなされていることを，詳細な点まで検証することと関係している。外部監査人の責任は多様であるが，一般的な規則として，それには3つの要素が含まれる。外部監査人は，経営幹部が自身の作った取り決めによって，その責任を満足のいく形で履行したかどうかを検討することを求められる。さらに外部監査人は，そのような取り決めが存在する状況の下で，重要な誤謬，違法行為，および不実行為が生じ，かつ発見されることも修正されることもないままとなっている可能性や蓋然性，そして，監査目的と監査人の責任との関係で，発生した誤謬，違法行為，不正あるいはその他の不実行為の重大さを検討しなければならない。しかしながら，監査人はより面倒な責任を負っている。すなわち，監査人は，経営幹部や取締役会あるいは監査委員会の非常勤のメンバーの側が，違法行為，不実行為および不正を犯している可能性や蓋然性と，それらのうちのいずれかであれ，それが発生した場合の重大さを検討する責任を負っている。

　誤謬，違法行為，不実行為および不正に関しては，成果の基準とその評価規準はかなり明確である。しかし，収集すべき証拠を指示できるように，監査責任のレベルを定めることが不可欠である。測定の規準を確立する上で困難を伴う判断上の問題は，監査目的との関係で基準からの乖離の重要性の程度を定めることである。この問題は8章で検討する。

　監査の目的が，財務諸表ないし一組の計算書が与える情報について意見を表明すること，あるいはそれを証明することである場合，監査人は第1にその財務諸表ないし計算書を作成する基になったデータの信頼性に関する証拠を確保しなければならない。財務諸表ないし計算書に関しては，監査人がそれらの内容に関して意見を形成することを可能にする証拠は，それらが準拠しなければならない基準によって決まる。たとえば，これには，形式および内容や，財政状態および経営成績についての真実かつ公正な概観を与えているかどうかに関する法律（Act）の規定への準拠（Company Act 1985)，あるいは，規則に準拠した，また適切な会計実践を遵守した，さらには適用可能な制定法や契約書の規定に準拠した作成が含まれるかもしれない（Local Government（Scotland）Act

1973)。情報の質に関する詳細を定めている制定法の規定への準拠を確認するために必要な証拠は，これを容易に確定することができる。しかし，「真実かつ公正な概観」や「適切な会計実践」なる概念が判断を要求する性質を有していることが，さらなる困難を生じさせる。しかし，監査人が探し求めるべき証拠が何であるかを決定するためには，それら概念の意味やその評価のための規準を十分に理解することが不可欠である。この場合，加えて重要性の問題を考慮する必要がある。

　しかしながら，最も大きな困難が生じるのは，評価すべき成果が，たとえば，経済性，効率性，有効性や経営成果のように，明確な規定を定めることをそれほど容易には許さない監査の場合である。適切な成果尺度を決定し，かつ，それら尺度を用いて期待される標準値を確立し，そして実際の成果を評価するという問題がある。したがって，十分に確立しかつ承認を得た基準や規準が存在しない場合には，監査の実施に先立って，適用する予定の基準と規準が明示されていることが不可欠であり，そうすることで目的適合性ある証拠を入手することが可能となる。

　一般的な命題として，監査の主題について監査人が証拠を参照することにより，徹底的で，網羅的でかつ完全な検証を行う状況はほとんどない，と言ってもよいかもしれない。たとえそれが可能であり，またそうすることが必要であったとしても，監査人は，検証した事項が証明されたこと，また目的適合的な情報のすべてが開示され，かつ目的適合性ある情報のみが含められ検証されたことに，留保条件なしに完全に確信することなどできない。監査人は，行為，事象あるいは取引が生じた時点で検証するわけではなく，実際上何が生じたかを理解するのに，事象発生後の証拠に依存する。それゆえ，実際に生じたことについて，単純なあるいは詐欺的な意図を持った虚偽表示の存在する可能性が常にある。

第4節　監査リスク

　監査人が，監査目的を達成させるよう監査意見を表明ないしは監査報告書を作成するための十分な情報と十分な確信を手に入れるため，完全な検証を行う必要がある状況もまたほとんどない。コストとベネフィットに基づくテストにより，意見または報告に至るための十分な情報と確信を得た段階を過ぎて監査人が検証を継続することは許されない。監査人が，意見あるいは報告の基礎にある情報について100％の確信を持つことはけっしてできない。監査人は常にある程度の不確実性が残る状況で，意見へと進んでいかねばならない。時間，コストあるいは実行可能性の点で制約があるため，仮に入手できていたら監査人の意見あるいは報告に違いが生じていたかもしれない証拠が手に入らないという，残余リスクは常に存在する。これが監査の特性であり，監査を利用する者が理解し，かつ受け入れなければならない特徴なのである。この点については後でさらに言及する。

　この結果，監査人は受け入れ可能な，一つまり利用者にとって受け入れ可能な一残余リスクに関して，また監査目的に照らして自らが必要と考える情報と確信度に関して，判断を下さなければならない。これらを基礎にして，監査人は，異なる源泉からの証拠の持つ相乗作用や経済的および社会的コストを最小化させる義務を念頭に置きながら，どれだけの，そしていかなる証拠を収集すべきかを決定しなければならない。したがって，監査における調査と証拠の収集および評価は，常に選択を基礎としている。サンプルの性質，サンプルの大きさ，そしてサンプルの証拠としての説得力の面での質は，監査人が判断しなければならない事柄である。監査人は100％の確信を持てるわけではないこと，また時間，コストおよび実行可能性の制約が入手できる証拠を限定することをひとたび認識すれば，監査人が個人による専門的な意見を表明することだけでなく，当該意見が基礎にある事実や状況に関する判断と蓋然性に基づくものであることを理解できる。監査人の意見および監査目的との関係で問題となる事

項が重要であればそれだけ，より説得力のある証拠とより高い程度の蓋然性が求められるであろう。場合によっては，説得力について十分に良いと判断されるものが，強制的な証拠のみであることもあるであろう。

第5節　証拠の評価

　監査人には，監査証拠を評価するための相当な調査技法を身に付けていることが求められる。口頭的証拠や直接の観察は，監査人に情報をもたらす，また監査人の判断と確信度に影響を与えるという点で重要な役割を担っている。しかし，明らかにそういった証拠や観察は高度に主観的であり，また誤解の余地がある。それらは不完全な情報を伝えるかもしれない。特に口頭的証拠は，情報提供者側の無知，誤解あるいは欺こうとする意図が原因で誤った情報を伝えるかもしれない。また，何が観察されたのか，あるいは何を伝達しようと意図しているかに関する監査人の理解に間違いがあるかもしれない。こういった欠点を最小限度に抑えるために，監査人による質問には工夫がなされなければならず，また観察は計画に基づかなければならない。情報提供者の誠実性や情報の信憑性について判断しなければならない。また，そのような証拠の説得力の面での質の評価が可能となるよう，追加の質問や観察の結果が使用されることがある。

　文書的証拠を構成する，たとえば，文書，取引や事象に関する会計およびその他の記録，結果もしくは成果に関する定期的な陳述書，意思決定の記録，正式な議事録，統制に関する記録，内部メモや報告書は，特に，外部で取引が開始されたか，そして／あるいは内的な整合性や内部の正確性に関するテストを備えているシステムによる情報の一部である場合には，より大きな客観性と信憑性を備えているように見える。しかしながら，文書的証拠は，偽造，改竄され得るし，知らずにあるいは欺く意図を持って干渉され得る。それゆえ，監査人は，その真正性や信頼性を確かめることを求められる。これには，証拠源泉の独立性，誠実性および信頼性，取引の開始に対する内部統制の有効性，さら

に書面による，つまり記録された資料の保管のための仕組みの安全性に関する判断が必要となる。

　演繹的推理はとりわけ最も重要であり，また，監査証拠の最も難しい源泉である。それには，システムの評価，アナリティカルレビュー，サンプルの結果から判断を行使して結論を導くこと，関連する事象，取引，事実および帰結における論理的関係の識別と利用，また変化する状況の持つ関連性の評価が含まれる。それは，さらに，既知の内的および外的環境のもたらす文脈や状況の下での，監査の対象となる命題の合理性と妥当性に関する判断と，監査人の頭のなかで形成されるそれら命題に関する意見を含んでいる。演繹的推理は知的なプロセスである。したがって，それには監査対象である命題のあらゆる側面に対して論理的推論のプロセスを適用することだけでなく，監査上の調査におけるインスピレーション的な要素と考えられるものが含まれている。被監査命題に関する意見に非常に関連性を持つ，異常な事項あるいは予期せぬ事項を認識するための鋭敏な感受性を経験豊富な監査人に発揮させるのは，このインスピレーション的な要素なのである。

　システムの評価は，誤謬，違法行為，不実行為および不正の蓋然性，可能性および発生，また当該システムが作り出すデータおよび情報の信頼性や検証可能性に関する意見を，監査人が形成する際の重要な証拠源泉である。会計および内部統制システムが十分に設計され，かつ運用に際してそれが遵守されており，また有効な内部牽制と内部監査によってその完全性が確保されている場合，当該システムが作り出すデータに対して高い信頼度を付与することになる。監査人が，これが事実であることに関する蓋然性の程度が高いことに検査を通して納得が得られたならば，当該システムはかなり説得力のある証拠を構成することになる。しかし，監査人は，システムにどの程度依存できるのかを決定するために，また弱点があるため他の証拠を入手しなければならないポイントを確認するために，システムを検証しなければならない。監査目的と，意見または報告の基礎に対する監査人の確信との関連で非常に重要であるために，それに直接関係する実証的な証拠が必要とされる事項は常に存在するであ

ろう。

　コンピュータ化された情報システムは，システムの信頼性を確保し，かつデータの完全性を守るため，セキュリティとコントロールについて特有の問題を生じさせる。しかし，原則は変わらない。もし，システムが不十分なコントロールを原因とする弱点を持っていれば，データの処理と産出の点でどれほど効率的であったとしても，そのシステムの証拠としての価値は限定的なものとなる。システムに依存できないとすると，監査人は産出されたデータの真正性を確かめるために他の証拠を探さなければならない。

　監査における調査と証拠の収集および評価が選択を基礎とする場合，サンプルの大きさ，採択の方法と結果の解釈は，監査人の判断に基づくものか，あるいは統計学を基礎に置くかのいずれかである。第1のケースでは，採択の規準は監査人の主観的判断に基づくものである。それは監査プロフェッションの実務全般に関する知識と経験に由来する。統計的サンプリングは監査人による判断の使用を減らすが，取り除くわけではない。監査人はそれでもなお，サンプルを抽出する母集団に関して許容誤謬率，精度限界および必要とする信頼水準を自ら決定しなければならない。しかし，統計的サンプリングは，得られた信頼度や部分的な調査の結果として残存する不確実性を，数学的に測定することを可能にする。ある状況の下では，これは監査人の判断に関わる問題に焦点を当てることになり，また監査リスクの評価を支援する。先に言及した相乗作用の定理の結果として，統計上の不確実性を他の源泉から得た証拠の判断に基づく評価によって克服する程度を主観的に評価するという困難が残っている。

　体系的かつ分析的なレビューの結果，また，熟練した，経験を踏まえた判断を当面する内的および外的環境の文脈における監査に特有の事実および状況に適用した結果得られる情報は，最終的に監査人の報告あるいは意見の基礎となる証拠全体のなかの極めて重要な部分を占める。あらゆる専門職には，高度に進歩した知識，技能および経験に加えて，特殊な技芸（art）やインスピレーションの要素が含まれる。こういった資質は，監査意見あるいは報告を形成するプロセスのうち分析的で判断を要する最終的なレビューにおいて，監査人が

探求しなければならない特に目的適合性ある証拠を識別する際に，不可欠で非常に重要な役割を担っている。

第7章

報　告

　監査プロセスの最終段階は監査人による情報伝達であり，それは，監査に対して，またその行為，成果，業績，情報，財務諸表あるいは報告書が監査による検査の対象であった者のアカウンタビリティに対して正当な関心を持つ者に向けられる情報伝達である。

　監査における調査プロセスは，広範囲にわたり，詳細でかつ複雑である。それゆえ，教育，訓練および経験から得られる特別な専門的技能が必要とされる。監査人の責任は，意思決定に関連するデータに対して直接のアクセス手段を持たず，また監査に固有の専門的性質について特別の知識を持たない人たちを対象にして，そのような人たちがすでに有する情報に対して監査人が与えることのできる保証の性質と範囲を伝達すること，また，そういった人たちがアカウンタビリティのある側面を基礎に，もしくは期待される水準が守られない状況に基づいて適切な意思決定と行動をとることができるように，彼らが手に入れたいと思う情報をそれに対する評価とともに伝達することにある。第1のケースでは，これは，たとえば財務諸表の証明，情報に対して監査人が与えると主張する信頼性の付与という形をとり得る。第2のケースには，誠実性，合規性，経済性，効率性または有効性に関する意見の表明，あるいは不正の発生，ずさんな経営または経営面での無能力，もしくは手続を履行しないまたは目標を達成できないことを報告することが含まれる。

第1節　報告規準

1．主要な原則

　監査報告書は，関係するすべての利害関係者集団に対して潜在的に重大な影響を有している。報告書の内容が不十分であり，うまく伝達されていない場合には，結果として，公正さに欠け利害関係者集団に損害を与えるような，事実に基づいてその正当性を立証できない結論につながる。

　本章では以下で，文脈が許せば，「報告」は意見ないし報告を意味するように用い，会社監査の場合のように比較的短い意見の陳述書や，経営監査で作成される包括的な報告書を含むものとする。

　監査人が監査報告書を利用することになる利害関係者と対話する立場になることはめったになく，またひとたび発表されると，監査報告書はしばしば公開情報となる。監査人が伝達しなければならないことはどんなものであれ，監査完了時点で発行される監査報告書に含められていなければならない。これらすべてが理由となり，言葉の明瞭さと正確さが，特に意見に限定や留保が付く場合に意見を表明する際の，また報告書を定式化する場合の主要な原則となる。これは，刑事犯罪，重大な過失，不適格の申し立てがなされる場合に特に当てはまる。

　報告内容の網羅性，委託事項の完全な履行，および受け手の関心事項の明示が不可欠とされる。英国の裁判官が財務諸表監査の監査報告書に関して，以下の傍論を述べてから多くの年月が経過している。

　　情報を他者に伝達することを責務とする者は，他者あるいはその一部に対してより多くのことを尋ねるように促すことになる，と考えられる情報を与えることでは，その責務を果たしたことにはならない。情報と情報伝達手段とはけっして同じ言葉ではない・・・　株主に対して会社の財政状態に関する情報ではなく情報伝達手段を提供する監査人は，そうすることで自分を危

険にさらし，また法律上自らの責務を果たさなかったものとみなされるという，非常に重大な危険を冒すことになる[1]。

　この原則は，特定の状況，つまり会社の年次財務諸表に関して定式化されたものであるが，普遍的な妥当性を持つものの1つである。監査報告書は，読者が将来のいつの時点であっても，監査の結果として監査人が伝達しなければならないことを完全かつ正確に理解できるように，網羅的かつ明瞭でなければならない。監査報告書はそれ自体で完全でなければならず，監査報告書の文言を理解するために他の文書を参照するように求めてはならない。

　監査人はこれまで，言葉の使用について不明瞭であるという理由ではなく，少なくとも理解できない専門用語を使用したという理由で非難されてきた。すなわち，英国の通商産業省による調査で，検査官は次のように勧告していた。

　　監査人が使用する数少ない専門用語は，神官文字（hieratic）のようであると説明されるくらいの発展段階に到達してきた。それは法律のなかで頻繁に用いられるに従ってさらなる発展段階を経験するかもしれず，その段階では，あるフレーズは法律家に対しては正確な意味を伝達する「専門用語」となるが，素人が理解する表面的な意味とはまったく異なるものとなる。聖職者の言葉は，通常の会話において理解されないだけでなく，専門家に対して十分に定義されず，起こり得るあらゆる困難に苦しむことになる[2]。

2．専門的および技術的な正確さ

　監査人にとって重大なジレンマがある。監査人には伝達する責務があり，かつ明瞭で正確である義務を負っている。これは，保証を伝達するか，批判を表明するかにかかわらず等しく重要である。監査の主題となる問題はしばしば複雑で，高度に専門化されている。それゆえ，監査それ自体が専門職として高度に専門化している。監査人は，限られた者か，あるいはまったく専門的知識を持たない者に対して効果的に伝達しなければならない。また，請け負った委託

事項と責任の限界を明確に定めるために，専門的にみて十分な正確さをもって自分の考えを表現しなければならない。多様な利害関係者集団が，さまざまな程度で専門的知識を有している。ゆえに，職業専門家としての成果，正当な注意および能力が，法廷あるいはその他の裁決機関で判断される状況の下では，ともすれば監査報告書で用いる文言は最も厳格な専門的調査の対象となることになる。

簡明さと職業専門家による専門的な解釈との間には，ほとんど調整不可能な対立が存在する。監査人は職業専門家としての義務を果たさなければならないが，そうする際に，潜在的に存在する正当な利害関係者のうちで最も知識の乏しい者に対して，可能な限り理解可能な存在であろうと努めなければならない。

3. 理解可能性

潜在的な利用者の理解力の範囲は，上場会社の財務諸表に関する監査報告書の場合が最も広い。どれだけそれが望ましいものであったとしても，理論上と実践上の双方で，監査人の職業専門家としての義務を解除させる監査報告書が，受け手のうちの最も理解力の乏しい人たちに理解可能であることを期待することは，非現実的である。監査報告書が表現し，また暗黙の裡に示すすべてを理解できない人たちは，監査報告書がそこに存在することから慰めを得るのかもしれないが，仮に監査人が懸念事項を報告した場合には，警告を発してくれる，また必要となれば行動を起こしてくれるような，より知識を備えた者に頼らなければならない。

監査という存在は，監査報告書の発行によって確認されるが，アカウンタビリティを確保するという社会的なプロセスにおいて不可欠な要素であり，また，資本市場システムに対する信頼を維持するために欠くことのできない貢献要因である。非常に多数の知識の乏しい利用者にとって，監査に対する信頼と安心は，監査プロセスそれ自体についての理解ではなく，監査の有効性に対する*信念*に由来する。利用者の信頼を正当化するためには，監査報告書は，アカ

ウンタビリティの義務が満足のいく形で履行されたかどうか,財務諸表,報告書あるいは他の陳述書が提供すべき情報を提供しているかどうか,監査報告書の受け手が関心を持つ事項に関連して失敗または不履行,あるいは何らかの説明がもしあればそれがいかなる側面なのかについて,理解力ある者が情報を得ることのできる内容でなければならない。

　会社の監査で取り扱う事項は多様かつ複雑であり,相当の数の熟練したスタッフ資源をかなり長時間にわたり使用することが必要である。しかし,大規模公開会社の場合は特に,また国際的な企業集団の場合はとりわけそうであるが,監査における検査は,規模や範囲の面で極めて膨大であり,かつその性質も高度に複雑である。それゆえ,こういった手の込んだ調査やレビューの結果が,会社あるいは企業の通常の監査報告書にあるような少数の短いセンテンスで効果的に伝達できるかどうかを検討しなければならない。

　これまで従われてきた方針は,一般的に,限定事項,留保事項および不可事項を目立たせ,注意を引かせる目的で,満足のいく報告をできる限り短くすることであった。監査報告書に含められる事項の範囲や深さは,監査が何で構成されているかを読者が理解していること,またコメントがまったくないことは満足のいく状況を意味していることを前提にして,暗黙の裡に示されている。これが原則として監査人の報告責任の十分な履行となっているかどうかは,議論の争点としなければならない。英国における取締役会に対するマネジメントレター,米国の取締役会に対するより長文式の報告書,さらにヨーロッパのいくつかの国における監査委員会への報告書さえ,上記の条件を満たしていない。短文式の監査報告書は,明確に表現していることよりずっと多くのことを暗黙の裡に示しているという意味で,基準,規準および成果尺度が明確で十分に確立され,かつ広範に理解されているとはけっして言えない問題に関する,承認のための記号あるいは印に相当するものである[3]。

　危険なのは,利用者の期待が,実施した業務を基に監査人の負うことのできる責任を上回ること,そして監査報告書がその誤解を正すことにまったく役立たないことである。監査機能に関する一般の人々の誤解や,第1章で言及した

「期待ギャップ」の証拠が存在することは，そういった危険がまさに現実のものであることを示唆している。

原則は十分に明確である。監査報告書は，委託事項の処理について明確で，曖昧さがなく，また理解できるものでなければならない。1932/3 の論文において Limperg (1985) は，Theory of Inspired Confidence のなかで，すでに言及した言い回しでその根本原理を簡単に表現していた。すなわち，監査人は実施した業務により，正当化できるものを超えた大きな信頼を生じさせるべきではない。監査人は一般の人々の合理的な期待を満足させるよう努力すべきであり，かつ監査は継続的に発展しているということもまた，この理論の一部であるけれども，委託事項は 1 回ごとに決定される。したがって，監査人は，自分が引き受ける責任が明確に理解されるように配慮しなければならない。

財務諸表の作成に関連する監査以外の監査に関する限り，潜在的利用者の理解力はさまざまである。委託事項が多様であること，報告の前提として委託事項を明確にさせる必要があること，また，一般に報告それ自体の文言が個々のケースで特有であることから，通常，関連する諸問題を理解するのに最低限十分な知識を有する者が誤解する余地のまったくないことを確保すべきである。経済性，効率性，有効性および業務や管理の成果に関する監査報告のケースでは，使用する成果尺度，標準との比較のために採用する規準は，関連する利害関係者集団の信頼を確立するために，また監査における評価の意味と重要性を上手く伝達できるように，明確に述べられかつ説明されるべきである。もちろん，教訓とすべきことは同じである。すなわち，委託事項の処理について明確で，正確で，曖昧さがなく，そして理解可能であるということである。

第 2 節　報告の細目

監査報告書の本質的な部分に加えて，もしそれを含めないことに十分な理由が存在しないのであれば，以下の事項を含めることが要求される。

1 以下の事項に関する確認
  (a) 報告の宛名となる利害関係者
  (b) 意見または報告が言及の対象とする組織
  (c) 意見または報告が言及の対象とする財務諸表,陳述書あるいはその他の主題
2 委託事項
3 検査の範囲
4 意見または報告の日付
5 監査人の署名および称号

これらの事項のうち1つあるいはそれ以上が自明である,つまりそれについて知っていることが当然とみなされるほどに十分に確立されているケースがあるかもしれない。しかし,明確さのために,また曖昧さと不確実さを避けるために,上記の事項を明示することが一般に望ましいとされる。上記の事項は必ず常に考慮すべきである。

1. 報告の宛名となる利害関係者集団の確認

これは,監査人が第一義的な責任を認める相手を確定するために必要である。それは,他の利害関係者に対しては,監査人が監査と報告において頭に描いていたのは当該他の利害関係者の利害ではなかったこと,また報告書をその文脈の下で解釈すべきことについて注意を促すものである。これは,監査と報告の範囲のみならず,他の利用者がそれに依存する程度にも影響を及ぼすかもしれない。それは,また,他の利用者が監査と報告に依拠した結果として損害をこうむった場合に,法的な補償の限界に影響を及ぼすかもしれない。

2. 報告書が言及する組織(あるいは組織の一部)の確認

これを記載する目的は,監査の対象となる組織(あるいはその一部)が何であるかを明確にすること,また知らずにあるいは悪意を持って報告書をそれが言

及していない組織に関連づけることを排除することにある。

3. 報告書が言及の対象とする財務諸表,陳述書あるいはその他の主題の確認

これを記載する目的は,監査報告の対象範囲を定めることにある。特に,決算書ないし財務諸表に関する意見の場合には,意見がその対象として受け入れる決算書ないし財務諸表を,積極的かつ直接的に確認することが不可欠である。これにより,監査対象たる決算書ないし財務諸表に関連性があり,またそれに付随する他の決算書ないし財務諸表を明確に対象から排除する。それは,また,監査対象ではない財務諸表と監査意見とを,知らずにあるいは悪意を持って関連づけること,あるいは,監査意見がその基礎とした財務諸表全体が与える情報に重要な影響を及ぼそうとして,監査済財務諸表の一部を取り除くことを排除する。

4. 委託事項

監査人が理解する委託事項は,十分に確立されかつ暗黙の裡に了解されているか,あるいは監査報告書の他の箇所に含まれている場合を除き,監査報告書に記載されなければならない。これは,監査人と監査報告書利用者との間の契約の基盤である。それは,監査報告書が作成されるもとになる前提である。監査報告書を理解するためには,委託事項を理解することが必要である。それゆえ,監査人と関係する他の利害関係者との間の相互理解が不可欠である。

5. 検査の範囲

監査における検査の範囲—その性質と程度—に関する情報は,報告書の信頼性と企図する意思決定や行為に対する報告書の有用性に関する判断を,利用者が下す際の手助けとなる。検査の範囲は,報告書を作成した際の基礎について,また特に実施しなかったことに関して利用者が全般的な理解を得るように,実際に応じてあるいは除外された事項や例外的な事項により説明される。検証が試査を基礎にしている,また残余監査リスクが存在する(6章と8章を参照)と

いう事実は，さもなければ監査の結論をより確定的な意味で理解するかもしれない利用者にとって重要である。認められた監査基準への準拠について言及することは，十分な知識を持たない利用者に対してはそれほど実際的な意味を伝達しないかもしれない。しかし，そうすることは特定の成果基準に監査人を関与させることになるとともに，監査の範囲が一般的に実施されている実務に合致していることについて，利用者にある程度の安心を与えることになる。

　経済性，効率性，有効性，加えて業務や管理の成果に関する監査では，監査報告書の結論に関する理解と評価の基礎となるように，検査の範囲についてより具体的で明確な説明が望ましい。

6. 報告書の日付

　これは，報告書に署名がなされる日付である。監査報告書に関連する事象および状況について，監査人が情報を得ると期待できる時点を確定することは重要である。評価に影響を及ぼすような未だ完了していない取引や将来事象の帰結に関する判断を含んでいる，決算書ないし財務諸表に関する意見について，特にこれは重要である。この日付より後で発生する事象あるいは入手可能となる情報が，その日付時点で形成されていた意見が誤りであることを示すかもしれない。監査人は，署名の日付までは関連するすべての事象について情報を得ていたことが期待される。それゆえ，報告対象である事項に後に重要な影響を及ぼした将来事象や情報を知るべき手段が無くなったのが，どの時点であるかを確定できることは重要である。

7. 監査人の署名と称号

　監査報告書は，そこに署名がなされるまではまったく権威を持たない。それゆえ，監査人は自らの職業専門家としての地位を記載することによって，権威を立証すべきである。監査人は，職業専門家としての地位を占めている結果として，署名があるという事実だけでそれと関連を持つすべてのことに権威を与えることになるということを理解すべきである。それゆえ，署名が意味するこ

とが正確でかつ明瞭であることを，また，それが読者に対して伝えるメッセージは監査人が責任を引き受ける覚悟であるとのメッセージでしかないことを，監査人が確かなものとすることが重要である。高潔さを認められた者が，財務諸表，活動あるいは組織と関わり合う覚悟を持っているという事実は，報告書の文言がいくら注意深く説明されていたとしても，それが与えようとしているあるいは実際上与えているものより大きな安心を一般の人々に与えることができるであろう。

第3節　公　開

　監査報告の目的は，監査と被監査側のアカウンタビリティに対して正当な関心を持つ者とコミュニケーションを取ることにある。それゆえ，利害関係者が監査報告に対して制限なくアクセスできることが不可欠である。あるケースでは，被監査側に利害関係者のうちのいくつかあるいはすべてのクラスに対して，報告書を配布する義務があるかもしれない。また，あるケースでは，報告書は一般大衆のあらゆる構成員がアクセスできる公開文書の1つであるかもしれない。しかし，被監査側がアカウンタビリティの義務を負う対象である顧客が明確に定められていない場合や，報告書を公開文書として扱う法的義務がまったくない場合がある。そういったケースでは，監査プロセスは完了していない。それゆえ，アカウンタビリティの確保という社会的機能は，監査報告書の適切な公開が企てられないかぎり果たされていないことになる。
　公的アカウンタビリティの責務を負い，かつアカウンタビリティが一般の人々の関心事である，政府機関，パブリックボード，慈善団体やその他の組織の場合，監査報告が一般の人々の注意を惹くための積極的な手段が取られなければ，その責務を果たしたことにならない。
　政府監査における公開の重要性に対する注意を惹くために，Normanton (1966, p.155) は次のように主張する。「無駄や浪費の事例のほとんど，またもちろん，不正のすべてのケースは何らかの方法で非難されるべきである。も

し，そういったケースが外部監査もまったくなく放置されたままだとすれば，関係する機関がそれらケースに対して一般大衆の注意を惹こうとはけっしてしないであろう。」Normanton は，フランスの会計検査院（the French Cour des Comptes）のあるメンバーの次のような言葉を引用している。「税金，あらゆる市民に重い犠牲を強いる税金が使用される状況に光を，完全なる光を当てることはたしかに有益である・・・光は良好な秩序にとって不可欠である。」

　公的部門の場合だけでなく，私的部門に対しても適切な形で採用されるならば，アカウンタビリティの確保と社会的統制への役立ちという点から，これは監査プロセスの最終段階に関する支配的な原則となる。完全なる光は，良好な秩序にとって不可欠である。

第8章
重要性

　監査人は，監査を計画しかつ実施する過程で，監査を進めていく方法に関して意思決定を下し，また代替的な行動方針の間で選択を行う必要がある。監査人は，調査を実施する方法，検査の範囲，程度および深度，さらに入手すべき証拠の性質と量を決定しなければならない。監査人は，対応の方法，どの事項に対して調査を展開していくべきか，計画に基づく調査の過程で知り得た事実を受けて，必要とされる証拠に関する当初の決定をどのように更新すべきか，を判断しなければならない。最後に，監査人は，意見または報告に含めるべき内容，あるいは，もしあれば，それまでに入手した情報に基づいて，自らの責任を果たすために他にどんな手段を講じるべきかを判断しなければならない。

　これら意思決定のすべては，監査人の頭のなかでの，そういった問題が監査目的との関係でどれくらい重要であるのか，そして／あるいは意見または報告の主題に関して監査人が情報を得るうえでどれくらい重要であるかの判断による。このような意思決定は，監査において監査人が決断しなければならない問題に関わる「重要性」（'materiality'）として説明されることに依存している。以下の議論に現れる重要性の意味は，この主題を取り扱うに際して通常用いられる意味よりも広いが，より狭い解釈と矛盾するわけではない[1]。

　監査における重要性とは，監査人があらゆる事項あるいは命題について必要とする証拠の性格，質および量を決定する際の指標である。あらゆる命題について，監査人が意見を表明するかまたは報告することを可能にするとともに，その資格を与える確信の状態へと監査人の考えを導くために必要な証拠が何であるかを決定するのが，項目の重要性である。重要性は，また，監査での調査

により得た情報がさらなる探求を刺激するという点で持つ影響，あるいは，監査人が監査責任を履行し監査目的を達成するために提供する報告ないし意見に対して，当該情報が持つ影響を測る尺度である。重要性は，監査目的そして／あるいは報告の内容に関連して監査人の考えに及ぼす効果という意味での，監査人への影響あるいは価値と言ってよい。重要性は，報告の受け手にとってその意思決定に関連する価値と言ってもよい。

重要性の概念は，監査プロセス全体に関連を持つ。それゆえ，その意味と意義を完全に理解すべきである。このためには，監査プロセスを3段階に分けて，重要性を検討することが便利である。

1　計画
2　実施：証拠の調査と検査
3　報告

第1節　計　画

監査人が監査計画書（audit programme），すなわち検査および必要とされる証拠の性質，範囲，程度を策定する際の第一の事項は，監査目的を検討することである。それから，監査人は，引き受けた責任を履行できるような検査を実施し情報と証拠を入手するために，計画を立てなければならない。監査は，会計またはその他の情報あるいは会計またはその他のステートメントに関する，証明または意見の表明，会計システムに関する意見の表明，あるいは行為，成果または業績に関する報告（これまで議論してきたタイプの監査すべて）へと方向づけられる。各ケースにおいて調査および検査を計画するに際して，監査人は，監査の主題について，また監査報告または意見の内容について必要となる確信度を決定しなければならない。監査におけるテストは，究極的に言えば，職業専門家としての意見を表明するまたは職業専門家としての報告を作成するに足る資格を得たと感じる，そして実際に資格を得る段階にまで監査人の考えを導

くために，どういった証拠が必要であるかについての主観的なテストである。

そのテストは本質的には主観的なものであるけれども，この問題に関する意思決定に到達する際の監査人の考えや判断に影響を及ぼす外的で客観的な要因は，職業専門家としての正当な注意義務を満たすために必要であると理解される証拠面での要件である。すでに議論したように，すべてのデータないし事項が検証できるわけでも検証されるわけでもない。ゆえに，監査人は，いかなる事実を確認しなければならないのか，どういった情報を入手しなければならないのか，どういった事項やデータを検証しなければならないのか，また関連する証拠がどの程度説得的でなければならないのかを決定する必要がある。データあるいは事項のなかには，その真実性を検証しなければならないもの，またそれについて強制的なあるいは高度に説得力ある証拠を入手しなければならないものがある。強制的な証拠が存在しなければならない事項やデータに関しては，監査目的との関係で監査人が判断を形成できるように，強制的な証拠を入手できる蓋然性がかなり高くなければならない。確認しなければならない事実と入手しなければならない情報がある。これらは，それがなければ監査人が意見を表明することも報告書を作成することもできないか，あるいは留保条件を付した場合にのみそうすることができる事実や情報である。以上はすべて重要性の問題である。重要性のある事項に関しては，他の事項の場合より，監査人の心により高い程度の確信を生み出すためにより説得力のある証拠が必要である。

監査人が情報を入手し証拠を検査する目的は，監査の主題について情報を得ること，そして，信頼性を付与することを依頼されている，あるいは意見を表明することまたは報告することを依頼されている事項について，自らを確信の状態に至らしめることにある。仮にある事項について，それを検証することもそれに関する情報を入手することもできないことが，結果として信頼性または意見が限定される，あるいは報告を修正することになる程度にまで確信の状態に影響を及ぼすとしたら，その問題は重要性がある。監査人は，監査を計画する際に，十分に説得力のある性質を持つ証拠を探し求めることができるよう

に，こういった重要性のある事項とは何であるかについて判断しなければならない。もちろん証拠の説得力は，多くの異なる源泉から得られた同じ結論を示す裏付け証拠の累積的な効果に由来する。

財務諸表とデータの監査を計画する際，監査上の重要性を検討する原因となる問題は以下のように分類される。

(a) 会計上の重要性
(b) 会計システムとコントロールにおける内部統制のカギとなるポイント
(c) 会計システムとコントロールの重要な弱点となる領域
(d) 監査報告のために不可欠な情報とデータ

他の監査を計画する際にこういった状況が関連するかもしれないが，状況がさまざまであるため，その他の重要な領域を分類することはできない。重要な原則は，監査人は監査を方向づけるにあたって，重要性のある事項について十分でかつ十分に説得力のある証拠が入手されるように，これまで定義された観点から重要性のある事項と重要性のない事項とを区別し，それに従って監査における調査を計画しなければならない，ということである。

1. 会計上の重要性

会計上の重要性は，監査上の重要性に関わる1つの問題である。なぜなら，会計上の重要性は，財務諸表の情報内容に影響を及ぼし，それゆえデータ，情報あるいは財務諸表が作成される相手先となる者の理解と意思決定に影響を与える可能性のあるデータあるいは情報を識別するからである。会計と財務報告において重要性のある事項は，監査において重要性を持つ。なぜなら，監査人はそれらの事項に関する証拠がどの程度説得的でなければならないかを検討しなければならないからである。会計において重要性のある事項は，より説得力のある証拠が必要と思われる事項であり，それゆえ監査人はそれに応じて監査を計画しなければならない。

会計上の重要性は主要なトピックの1つであるが，そのすべての側面をここ

で網羅的に取り扱うことは不可能である。一般的な言い方をすると，計算書，事実，項目，データあるいは情報は，それらが存在している時点での周囲の状況を完全な形で考慮したとして，その開示（あるいは脱漏），虚偽表示あるいはその処理方法が，計算書等がそのために作成される相手先の意思決定あるいは行動に影響を及ぼすと思われる性格を持っている場合，会計上重要性がある。

　重要性は，絶対的な金額または相対的な金額（すなわち，計算書等における別の金額を参照するかまたはそれとの比較による）の問題であるともいえるし，あるいは量的というよりむしろ質的なもの（計算書等に固有の性格で，計算書等に読者からみた意味を与える）であるともいえる。

　会計における重要性の判断には，計算書あるいは情報等の宛名である者の知識や素養に関して1つの見解をとる必要がある。この問題はすでに7章で議論した。ここで採用する立場とは，計算書等の意味を理解するのに十分な会計に関する知識とその知識を活用する能力を備えていることを前提としなければならないということである。財務ないし会計に関する計算書に基づいて行動または意思決定を行うには，知識と能力が必要である。極めて少数のケースを除けば，データの重要な脱漏または重要な虚偽表示，あるいはデータ項目それ自体は，その計算書の意味をまったく理解できない者にとっては重要ではないであろう。利用者のクラスが異なれば，知識や能力の水準の異なることが予想できる。また，同じクラスのなかでも，合理的な行為あるいは意思決定にとって不可欠なデータであると考えることについての選好が，個人で異なるかもしれない。さらに，個人が不可欠であると考えるものは必ずしも一定ではないかもしれず，付随する他の状況によって決まることがあり得る。しかしながら，著作者や公式の意見書は，これまで，考慮すべき利用者を「分別ある投資家」，「平均的な分別ある投資家」，「合理的な人物」，「知識のある投資者」，「理解力のある財務諸表の読者」として，さらに最近では，「事業および経済活動について合理的な理解を持ち，かつ合理的な慎重さを持って財務諸表を検討する意思のある者」として説明してきた。主要な利用者集団内の一部あるいは下位集団，たとえば分別があり知識のある投資者を識別し，かつそういった者に関連づけ

て重要性を定義するのは,過度な単純化であるように思われる。高度に洗練された投資マネージャーが既知の利用者であるとして,その意思決定に影響を及ぼす情報が適切に開示され得るとしたら,その情報は当該マネージャーにとって重要である。英国においては,会社財務諸表(およびその他)に関する報告基準は,それが真実かつ公正な概観を提供すべきであるとする。真実かつ公正な概観が求めることについて広範に調査されてきたわけではないが,真実かつ公正な概観の提供と理解に影響を及ぼす情報,開示,虚偽表示,説明等はいずれも重要であるに違いないということになる。

2. 内部統制の鍵となるポイント

　監査における証拠の調査と検査は選択的なそれであり,網羅的でも包括的でもない。監査人は,サンプルに限定して実施される調査をどれくらいの割合で実施するのか,また精密な調査に供されるサンプルの構成をどうするのかを判断しなければならない。この目的のため,また監査意見または報告という全般的な目的のため,監査人は,会計システムとコントロールの信頼性に関して,また財務諸表に含まれているデータや情報,あるいは成果やアカウンタビリティを実証または評価するために用いるデータや情報の信頼性や信憑性に関して意見を形成する必要がある。システムの評価には,システムと,データおよび情報の完全性を確保するための鍵となる内部統制に関して,1つの見地に立つことが含まれる。このような鍵となる内部統制の十分性と効率性は,システムが作り出すデータと情報を検証する際の証拠の源泉として,監査人にとって重要である。したがって,監査人は,これらの内部統制が実際に運用されていることを確証するに足る,高度に説得的あるいは強制的な証拠を手に入れることが必要である。システムの信頼性について監査人の心を確信の状態に導くために,またその確信を正当化するために,十分でかつ十分に説得力のある証拠が必要である。

3. 重要な弱点となる領域

同様に，会計システムとコントロールの評価には，当該システムの弱点について，整備と運用の両方に関して1つの見方を定めることが含まれる。弱点が，監査人のシステム全体あるいはその一部に対する信頼性，または重要なデータあるいは情報の信憑性に対する確信に影響を及ぼす場合，当該弱点は重要な弱点となる。それゆえ，監査人は，追加の源泉あるいは別の源泉から，関連事項についてシステムの弱点を補完する十分でかつ十分に説得力のある証拠を入手し，監査目的に関連して必要とされる確信度に到達するために，監査を計画しなければならない。

4. 監査報告のために不可欠な情報とデータ

これには，組織業務，財務諸表，監査目的，監査報告の意義に関して十分な理解が可能となるために，監査人に必要な会計および非会計情報とデータが含まれる。

第2節 実施：証拠の調査と検査

監査における証拠の調査と検査の目的は，意見あるいは報告が求められている事項について監査人に情報を与えることである。すなわち，以下の事柄について明らかにするために，証拠の調査と検査は実施される。与えられたデータや情報がそれらの指し示すものと一致しているか，また証拠と一致しているかどうか，計算書あるいはその他におけるデータや情報の開示と表示が定められた目的を満足させ，かつ規制上の要件を満たすのに適切かつ十分であるかどうか，監査範囲内の事項について不誠実，違法行為，不正あるいは誤謬が存在したかどうか。

これらすべてに関して，監査人は，期待される水準からの乖離が確信度あるいは報告書の文言に影響を及ぼすかどうかについて判断を行使する必要がある。監査人は，監査目的という文脈において，どういった発見事項が自分にと

って重要であるかを判断しなければならない。

　監査人が探し求める情報が入手不可能である場合，あるいは監査人の証拠の調査あるいはアクセスに制約がなされる場合，もしこういった不足分が意見あるいは報告に際して留保条件またはその差し控えを要求するか，あるいは報告あるいは意見を不可能とさせるとすれば，それは監査人にとって重要性があることになる。

会計上の重要性

　財務諸表およびデータの監査を実施する際に，計画の場合と同様に，会計上重要性があるという理由で重要となる問題がある。

　データ，情報あるいは計算書に関する誤謬，不正，虚偽表示，不実表示，開示の不履行，あるいはその他の期待からの乖離は，それを知ることが利用者の理解や意思決定に影響を及ぼすという意味で利用者にとって重要である場合，監査上重要となる。同様に，会計上重要性のある事項に関して，十分な証拠あるいは十分に説得力のある証拠が不足していることもまた，監査上重要となる。こういった状況が監査上重要性を持つのは，それらが監査人の意見あるいは報告の文言に，あるいは監査責任を履行するために意見を表明あるいは報告書を作成する監査人の立場に影響を及ぼすからである。

　監査での検査の結果，修正可能な重要な誤謬あるいはその他の逸脱事項を発見した場合，通常，この修正がなされることが期待されるであろう。たとえ修正がなされたとしても，そのような誤謬もしくはその他の逸脱事項，また，その固有の性質によって会計上重要性がないとされる事項について，それら事項が監査における確信度または監査人の意見あるいは報告の基礎となる情報に及ぼす影響を検討する必要がある。会計システムおよびコントロールの評価において，誤謬またはその他の逸脱事項が発生し，かつ監査の実施まで発見されずにいたという事実は，―たとえ後で修正されたとしても―，もしそれが結果として当該システムが作り出す情報の信憑性について懸念を生じさせるのに十分なほどに，当該システムの信頼性に関する懸念を生じさせる原因となり，そし

て，それゆえ他の源泉からの追加的な証拠を入手するべく監査における検査を拡張する必要があるとすると，監査人にとって重要となる。もし，他の源泉から追加的な証拠を得られない場合は，監査人の報告あるいは意見は影響を受けることになるであろう。

　監査実施過程で発見された会計システムおよびコントロールの弱点は，前述の計画段階での弱点と同様に，その重要性を評価する必要がある。

　監査での調査が，誤謬あるいはその他の逸脱事項ではなく，たとえばある項目の評価，開示または表示に係る取り扱いに関して，監査人と被監査側との間の見解の相違を生じさせることがある。そのような問題は，議論となっている事項に関連する誤謬あるいは逸脱事項と同様に重要性の規準により判断され，監査人にとってそれらと同じ意味あいを持っている。監査人はこの問題を，それについて知っていることが利用者の理解あるいは意思決定に潜在的に及ぼす影響に従い，それが監査人自身の確信度に及ぼす影響に従い，もしくはそれが監査人による委託事項の履行にとって，また監査目的の達成に向けた監査報告あるいは意見の文言に対して持つ関連性に従い，処理しなければならない。

第3節　報　告

　監査プロセスは，監査報告書の発行あるいは監査意見の表明によって完了する。コミュニケーションは重要である。報告書あるいは意見の文言は，その宛名である者に対して，監査の委託事項に従って彼らが要求し，かつ手に入れることを期待する情報を伝達するように設計されなければならない。監査意見または報告は，委託事項の遂行と監査目的の実現の過程を経て得られるものであり，実施した検査と入手した証拠に基づいて，監査人が与える資格のあるものを超えた情報あるいは保証を与えるべきではない。同時に監査人は，もしそうすることが可能であるならば，利害関係者が要求する情報あるいは保証を提供するに足る検査を実施し，また証拠を探求する義務を負う。

　監査の委託事項の遂行に際してなされた，報告を行うあるいは意見を表明す

る監査人の自由に対する制約は，どんなものであれ重要性がある。それゆえ，報告あるいは意見のなかでそれに言及しなければならない。

ほとんどの監査状況では，監査人はデータおよび情報のサンプルに対する検査を基に，意見あるいは報告へと進んでいかなければならない。そういったデータや情報については，システムに関する証拠と実証的な証拠の裏づけがある。多くの場合，すべての証拠が強制的というわけでも決定的というわけでもない。証拠はいつも入手できるというわけではない。時間とコストに実際上限界があるため，入手可能な証拠を探求することや創造することができないかもしれない。監査対象である重要なアサーションについて，通常，さまざまなタイプの証拠をさまざまな源泉から入手することが可能である。検査の結果として，誤謬，不正あるいはその他の逸脱事項，または見解の相違が明らかとなった場合，監査目的との関連からこれらの重要性を検討しなければならない。

それゆえ監査人は，調査の程度と範囲，検査対象としたさまざまな源泉から得た証拠の組合せが全体として意見あるいは報告の基礎として十分であるかどうか，どの点でこれらが不適切あるいは不十分であるかを検討しなければならない。不適切あるいは不十分である点については，監査人の責任との関連からその重要性を考慮しなければならない。もしこれらに重要性があるとすると，仮に監査報告書を作成できるとして，その状況によって条件が付されるであろう。ゆえに，監査意見に限定事項を付すか，意見を差し控えねばならない。重要性のある事項について，不十分な，あるいは説得力の不十分な証拠しかない場合，あるいはそれについて重要な誤謬あるいはその他の逸脱事項が監査実施の過程で発見された場合にもまた，結果として意見にコメントあるいは留保事項を付すか，意見を差し控えねばならない。

財務諸表の場合，監査人は，誤謬，期待からの逸脱事項あるいは見解の相違が明らかにされないままになっている可能性を考慮しなければならない。なぜなら，検査がサンプルを基礎に実施されるからである。もし，誤謬，逸脱事項あるいは見解の相違，またはそれらの組み合わせあるいは集成を知ることで監査人の意見あるいは報告が影響を受けるとすれば，それらを発見できないこと

が重要となり得る。これが監査リスクであり，重要な誤謬等，つまり監査人の考えに影響を及ぼす誤謬等が発見されないままとなる可能性である。検査対象とされなかった記録のほとんどの部分において，誤謬等がほとんど不可避的に存在するであろう。それゆえ監査人は，あり得るまたありそうな未開示項目が監査目的や監査責任との関連で重要であるかどうかについて，考えをまとめなければならない。

　一般的な規則として，監査人は財務諸表あるいは計算書を保証するわけでもなく証明するわけでもない。また，記録や計算書に誤謬や不正がまったくないことについて，限定なしの保証を与えるわけではない。監査責任とは，意見または報告の宛名であり監査に依拠する者が，誤謬や不正が残存している可能性を受け入れなければならない，そういうものである。監査人は，その義務と責任の点から，発見すべきであった重要性のある事項がどれも発見されないままとはなっていないことを，保証しなければならない。絶えず続くジレンマは，あらゆる誤謬や不正を監査人が発見できるわけではない可能性と，監査人はそうできるはずであるとの利用者の期待との間を調整することである。しかしながら，状況に照らして適切であるとして監査人が実施する検査に関しては，監査人が重要性のある項目を発見することを期待すべきであるし，また，それゆえ発見できなかったリスクを監査人は評価しなければならない。

第4節　規　準

　監査上の重要性という概念，それが生じる状況と監査人にとってそれが持つ意味を原則という一般的な表現で説明できるけれども，重要性があることとそうでないことを区別するための測定尺度あるいは他の規準を明示することで，これを操作化することはずっと難しい。このテキストの範囲内では，論点のうちのいくつかを示す以上のことをするのは不可能である。

　重要性と証拠の質との間の関係は，証拠と監査人の確信度との間にあるシステマティックな関係と明らかに関連しているが，それはいまだ解明されていな

い領域である。会計システムとコントロールの信頼性に関する体系的な測定手段はまったく存在しない。監査人は，必要とされる説得力の側面での証拠の質を決定するために，それに関しては監査人が唯一の判断者であるが，内部統制の鍵となるポイントとシステムの弱点を識別しなければならない。統計的な分析は，判断の対象となる論点に焦点を合わせることができるが，判断の利用を取り除いてしまうわけではない。

　会計上の重要性と，誤謬，不正，虚偽表示およびその他の逸脱事項の重要性は，質的または量的な意味を持つ。質的な論点のなかには前もって識別し分類できるものもあるが，それらはたいてい特定の監査に固有のものである。指針は，関連性があると思われる状況のタイプの指標にすぎない。データまたは情報に関して規制当局，法律あるいはその他が示す要件は，監査計画および実施においては非常に説得力の大きい証拠が必要な項目を重要性があるものとさせ，また，報告においてはそれらの項目に関連して，誤謬，虚偽表示，不実表示，必要な開示の不履行，あるいは要件からのその他の逸脱事項を重要性があるものとさせる。誤謬，虚偽表示，不実表示あるいはその他の不履行の持つ性格は，関連する金額に関わらず，それが持つインプリケーションのために重要であるかもしれず，また，それが監査における調査に及ぼす影響，監査人の確信度に及ぼす影響，それと監査報告との関連性のために当該項目が重要となるかもしれない。不正や他の違法行為に関与した者の地位や任務は，同様にそれが持つインプリケーションに関して重要であるかもしれず，それゆえ，関係する金額に関わらず報告に際して当該項目を重要性のあるものとさせるかもしれない。

　会計上の項目と誤謬やその他の違法行為が持つ量的な性質は，おそらく共通の規準によって説明することができる。一般的に量的な項目は，その絶対的もしくは相対的な重大さ（significance）を理由に重要性があると説かれている。あるケースでは絶対的に重大であることが，他のケースでは重大ではないかもしれない。したがって，これら双方に重大さに関する何らかの基準線が必要となる。最も一般的な提案は，利益（税引後利益，税引前利益，平均利益，予想

利益あるいは利益に関する他のバリエーション）に及ぼす影響が，重要性に関する適切な尺度を与えるとするものである。これは単純すぎる尺度ではあるけれども，それを承認できる状況もあるであろう。その重要性を判断するために，項目をいつの場合でも測定することのできる唯一の正しい基点は存在しない。金額，相対的金額および比率の一覧表を，産業あるいは組織のタイプごとに指針として定めることはできるかもしれない。しかし，その他の具体的な変数，たとえば，経済状況，貸付状況，棚卸資産の特異な性格，利益の変動性等を考慮した場合に，それら指針は役に立つというよりむしろ危険であることが判明するかもしれない。事業あるいは組織ごとに，そのケースで指針として用いることのできる個別の金額，相対的な金額および比率の一覧表を監査人が定めることが，より適切であると思われる。境界領域を示すアプローチは，有益なアプローチであるかもしれない。それは，強力な反証が存在する場合を除いて，それを下まわると重要性がないとみなされ，上回ると重要性があるとされるポイントを示し，また，監査人が個人的に考慮することが必要と考えることと専門的判断を行使することが必要と考えることとの間にあるポイントを示す。

　すべての要因を考慮した後でも，監査上の重要性は大いに判断の問題を残している。質的な指標と量的な規準は判断の助けとして役立つであろうが，監査証拠の利用に関する現状の知識や理解では，監査人の知識，技能および経験と問題の重要さに関する監査人の評価に頼らなければならない。

第IV部

基　準

第IV部への序論

　監査は，社会にとって重要である。製造業や商企業，パブリックボード，国有企業，公営企業，地方および中央政府の諸部門，さらに，事業，慈善，娯楽あるいはその他を目的とする民間の組合に対する監査は，私的および公的，両方の観点からみた関心事であり，重要な社会的意義を有する。このことは特に大規模なユニットについてそうであり，公的部門ないし私的部門に関わらず，あるいは行政ないし経営に関わらず，そこでは監査はアカウンタビリティとコントロールを確保するための機構の極めて重要な一部である。さまざまな組織において監査が必要とされるのは，当該組織が運営されている社会の文化，社会および政治哲学，さらには価値観の結果であり，またそれに依存している。それゆえ，監査は，変わりゆく社会の変わりゆく期待を満足させるように変貌する必要がある。

　アカウンタビリティの規準として，また，それゆえ監査における重大さの規準としての誠実性，合規性，効率性，有効性，社会的責任等の，さまざまな組織，異なる社会，また異なる時代における相対的な重要性は，これまで変化してきたし，また疑いもなく変化し続けるであろう。アカウンタビリティが機能する構造や監査が発生する枠組みもまた社会の性格によって決まり，それゆえ変化するであろう。以上が生じていると思われ得る変化である。変化のなかには法律あるいは規制による権威を必要とするものがあるが，監査概念の解釈が進化した結果と考えられるものもある。

　したがって，監査に対する一般の人々の関心がかなりあること，また，私的および公的部門において，現在の監査上の取り決め，監査人が引き受ける委託事項や監査報告の範囲の妥当性に対してますます不満の兆候が広まっていることは驚くことではない。批判的なコメントは，時に，監査というシステムの持つ不十分な点とその成果における問題点との区別ができていないのかもしれない。つまり，監査における検査の限界に関する理解に欠けていること，時間と

コストという経済的な制約や実践可能性という技術的な制約の範囲内で達成可能であることについて非現実的な期待を持っているがゆえに，批判は十分な根拠のないものと言えるかもしれない。しかし，監査は変化する社会のニーズに対応しなければならないし，また，職業専門家による成果の基準は一般の人々の期待水準を志向しなければならないため，表明されている批判を注視する必要がある。

　これが，職業専門家としての監査人の成果を考慮しなければならない文脈であり状況である。監査対象である組織は変化を遂げており，アカウンタビリティの性格は変化し，情報の組織化や処理の仕方は変化しかつ複雑になっている。それゆえ，より良い教育を受け，より多くの知識を備え，より野心的で要求が多く，より明確に考えを述べる，より組織化された一般大衆，あるいは利害関係者集団のクラスが，監査が達成可能なことについて期待を持つ。そして，それらの期待は妥協することなくますます具体的なものとなってきている。

　監査に対する一般の人々の関心が高まっていることは驚くべきことではない。おそらく，驚くべきことは，実務にたずさわる監査人と学者の双方がこれまで監査という主題に知的関心を示してこなかったことであり，また，監査の哲学的，社会学的および組織論的基盤に対してほとんど注意が払われてこなかったことである。監査は，個人や組織のアカウンタビリティを確保するための，また重要な経済的意思決定のために利用される情報の信憑性を確立させる際の社会的統制の機構の一部として，社会的な枠組みの重要な一部であるため，監査の成果が実現していくプロセスが厳密な調査と分析の対象となってこなかったのは銘記すべきことである。監査人が業務を実施する際に参照する専門基準や倫理基準は，社会的な重要性が極めて大きい事柄である。

　監査は教育，訓練および経験を必要とし，また，その実施に際して知識，技能および判断の行使が要求される活動である。監査の主要な目的と結果は監査人による専門的意見の表明であり，監査意見の宛名である者は行為の基礎として当該意見に依拠することができる。監査は職業専門家による活動である。それゆえ，監査人は，専門的な業務の遂行の際の監査人の側の過失による不履行

の結果として，監査人が，責務を負う者が被った損失あるいは損害に関して個人的に責任を負う。不履行があったかどうかは，一定の基準に照らしてテストした場合に，その成果が満足のいくものであるかどうかによって決まる。

しかし，監査人の用いる基準が，法律上の責任を確定させる基礎としてだけ重要であるというわけではない。一般に理解されている基準は，監査意見や監査報告を利用する者に対する信頼を確かなものとするために決定的に重要である。つまり，監査意見や監査報告がそれらの言及する事項に関して信頼でき，かつ権威のあるものであることについて，利用者の信頼を確立するために決定的に重要なのである。監査に対する一般の人々の信頼と，その結果として得られる監査の社会的価値は，能力，客観性，独立性および専門性に関わる監査人の水準が満足のいくものであるという信念によってのみ支えられている。それゆえ，これらの水準を決定する際の拠り所となる原則を理解することが重要である。また，こういった原則に実効性を与える操作的な基準や指針を定めること，そのような基準が遵守されかつ維持されていることを，さらに基準が遵守されない場合には適切な処置が取られることを保証する取り決めを作ることが必要である。

これから検討するのは，正当な注意，専門基準および品質管理といった諸論点である。

第9章
正当な注意と過失

　職業専門家としての意見は，必要な知識，訓練，経験および技能に基づいた専門家個人の判断の所産である。そのような知識，訓練，経験および技能が当該意見を尊重してもらう権利をその個人に与える。しかしながら，それは，熟慮をし，かつ特別な技能および専門的知識と自称するものを駆使した上で，正当な注意を行使して到達する意見でなければならない。さもなければ，その意見は，せいぜい主題について特別な資格や技能を何ら持たない者による意見ほどの価値しか有さず，それゆえ，その意見に依拠する者は誰でもその信頼性に関して判断を誤ることになるであろう。したがって，職業専門家としての意見を表明すると主張する者は，正当な注意，すなわち，調査と検討において職業専門家としての責任を履行するために，適切な最低限度の注意や配慮を払ったことを期待されるにちがいない，ということになる。ここにいう正当な注意の不履行は，法律上，過失として解釈される可能性がある。それは，その他の正当な注意の不履行が，当該不履行によって影響を受けるその他の利害関係者に影響を及ぼす場合と同じである。

　イギリスにおいて，そして他の多くの国々においても同様に，職業専門家の成果に関わる基準に関する法律の一般原則は，特別な技能を必要とする業務を遂行する者は合理的な注意を行使しなければならないだけでなく，当該技能を備えていると主張する平均的な実務家が持つ能力の水準に達していなければならない，というものである。職業専門家は，同様のあるいは類似した状況の下で，類似する実務に携わる平均的な技能を有し，勤勉でかつ注意深い実務家が発揮すると期待される程度の熟練さと注意を働かせることを要求されている。

本原則で監査人に関わるものは，英国では1895年と1896年の訴訟事件のなかで，以下のような言い方ではっきりと述べられていた。

　監査人は，質問や調査をする際に，合理的な注意と技能を発揮する以上のことを義務づけられていない・・・監査人は，真実であると確信できない事項を証明してはならない。また，証明の対象たる事項が真実であると判断するには合理的な注意と技能を行使しなければならない。特定のケースにおいて何をもって合理的な注意とするかは，そのケースを巡る状況によって決まるにちがいない。(London and General Bank (No.2), (1895) 2 Ch.673)

　合理的な程度に能力があり，注意深くかつ慎重な監査人であれば用いるであろう技能，注意および慎重さを実施する業務に集中させることは，監査人の義務である。何が合理的な技能，注意および慎重さであるかは，各々のケースに特有の状況によって決まるにちがいない。(Kingston Cotton Mill Co. (No.2), (1896) 2 Ch.279)

監査人に要求される水準を測る尺度として，以下のことが1967年に確認された。

　関連するどの点からみても，監査人の責務の性格が1896年以降変化してきたかどうかについて，私は確信があるわけではない。基本的にその責務とは，いつも会社の財務諸表を合理的な注意と技能をもって監査することであった。私が考えるところによれば，Re Kingston Cotton Mill Co. (No.2)が目立った事例とされている真の理由は，専門家の証言に基づくと，1896年に適用されていたそれと比べて，今日の合理的な注意と技能の基準がより厳しいというところにある。(Thomas Gerrard & Son Ltd., (1967) 2 All ER 525)

同様の見解が，ニューサウスウェールズの最高裁で1970年に採用されていた。

　必要な専門的技能を備えていると公言する監査人が，監査人として特定の業務を遂行する契約を締結する場合，その時点で当該業務が存在している状況の下で合理的と考える程度の技能と注意を発揮して，その業務を実施する約束をすることになるのは疑い得ないことである。それが監査人の約束の限界である。それが法的義務を率直に言い表したものであり，それゆえ結局，裁判所はどんなケースであっても上記の法的命題に立ち返り，それを発見された事実に関する裁判所の見解に適用しなければならないのである。

続けて，

　つまり，合理的な技能と注意をもって財務諸表を監査する法的な責務は同じままであるが，監査における合理性と技能は，先に述べた状況の変化について解釈を与えるとともに，それに方向づけられなければならない。合理的な技能と注意は，条件の変化あるいは危険因子に関する理解の変化に対応するために，基準の変更を要求する。それゆえ，この意味で基準は，1896年のそれより現代の方が厳格である。監査プロフェッションがこれまで当然のごとく受け入れてきたのがこういった考え方であり，それは手続における強調点の変更により，またいくつかの手続の変更のなかで，正当な技能と注意が異なる複数のアプローチを必要とすることを認めてきた。

しかしながら，裁判官の意見は続けて重要なポイントを指摘する。

　より高度な基準を要求することが，裁判の係争点ではない。なぜなら監査プロフェッションは，これまで高度な基準を採用してきたからである。裁判の係争点となるのは，その内容から判断して，事業活動の現代における状況とそれに関する知識を含めて，今日の状況に見合う合理的な基準を予測させ

るような法律を適用することである。

しかし，裁判官の意見は，専門家による証言の重要性を認めている。

　従来と同様に今日でも，監査プロフェッションが当面する状況に対応するために採用する基準と実務は，何が合理的であるかを裁判所が判断する上で適切な指針を提供する。(Pacific Acceptance Corporation Ltd, v. Forsyth and Ors., Supreme Court of New South Wales in Commercial Causes, 8 January 1970)

裁判官の立場に関するこういった一般的な解釈は，Dickerson (1966) によっても認められている。

　職業専門家に対する訴訟において，通常，法律は当該専門職業の基準を採用するので，被告人が当該専門職の責任ある部門により適切なものとして承認された実務に準拠していたことを立証すれば，たとえ当該専門職の外部者が異なる見解を持っているとしても，過失の申し立ては退けられるであろう。(Dickerson, 1966, p.2)

この最後の引用文を留保条件なしに解釈するのは，その裁判官の立場が持つ見解を過度に信用することになるかもしれない。裁判所は専門家による証言に配慮するであろうけれども，法廷というところは，その証言が主張する注意と技能の水準の妥当性を検証し，かつそれに満足することを要求するというのが，裁判官の立場にあるものが持っている固有の考え方なのである。監査人は近年になって，実務で広く行われていることに関する専門家の証言は非常に説得的であるけれども，法が求める基準としてそれは絶対的なものではなく，それゆえ法廷を縛るものではない，という役に立つ忠告を受けることになった。一般に認められた基準への準拠を証明することは非常に説得的な証拠であるけれども，必ずしも絶対的にそれではないという事実は，Continental Vending

事件 (*USA v. Simon and Ors.*, United States Court of Appeals, 1969) において, 陪審員に対する説明のなかで明示された。また, Pacific Acceptance 事件において, 以下のように極めて明瞭に述べられていた。

> ある特定の監査方法を採用することが妥当か否かは, その特定の監査が直面している状況によって決まる・・・結局, 裁判所は, ある特定の, しかしいくらか類似の問題に対処する仕方に関する大まかな指針にすぎないものとして, 他の監査人が採用する手続を参照しながら, そのケースに特有の状況に関して判断を下さなければならない・・・訴訟手続の過程で監査人の行為に問題があるとされるとき, 他の監査人が行うことあるいは通常行われることは義務違反があったかどうかの問題と関連性を持つが, ある特定のケースにおいて何が監査人の法的責務であるかを決定する, あるいは合理的な技能および注意として何が要求されるかを決定することは, 監査プロフェッション自体の職分ではない。それゆえ, もし監査プロフェッションあるいはそのほとんどがある方法を採用していないにも関わらず, 合理的に考えればそれを実践することが監査プロフェッションに求められていたとすると, その方法を実践しないことが監査プロフェッションのすべてあるいはほとんどが同じように実践しないという理由で義務違反に当たらない, とはならないということである。(*Pacific Acceptance Corporation Ltd. V. Forsyth and Ors.*)

以上の裁判官の見解の引用は, 複数の異なる法領域から取り上げたものである。これらの引用文は, どれをとっても, 法律に関する網羅的で包括的な言明として提示されているわけではない。それらを選んだのは, いずれかの国で必ずその通りに適用される先例としてではなく, むしろ関連する原則の観点から, 正当な注意の概念を例示するためである。それらは, 一般的な表現で, 監査人が遵守する必要のある基準を適正に表していると考えられる。

最終的な権限は裁判所にある。したがって, 困難な問題は, 裁判所はいかなる状況の下で, 専門家たる証人が証言した基準を「彼らに要求されているとこ

ろを下回っている」(Pacific Acceptance) という理由で拒絶するかを想定することである。これは，監査人にとって明らかに厄介な状況である。また，おそらくは，広く行われている実務に従うことが，—それが何であるかを実務に携わる監査人が知ることがどれだけむずかしいことであったとしても—，適用すべき規準であるということを，多くの者があまりにも容易に前提としてきたのである。もちろん，監査人は，具体的な状況の下で，一般の人々あるいはその一部が抱く非合理的で実践不可能な期待を，裁判所が認める可能性を懸念している。

それゆえ，知識の拡張，技術の改善による発展，実践的能力の向上にしたがい，監査人が常にその実務をレビューし，かつ改訂していくことが，最も重要かつ緊要な問題である。監査プロフェッションはまた社会の期待に敏感であり，かつそれに対応しなければならないが，同時に，不安を抱き困難を抱えた社会が手に入れたいと考える保証のなかには，その実現を妨げる実務上の制約，および経済的な制約が存在することを現実的に認識しなければならない。

監査プロフェッションにとって，その構成員が享受する社会的かつ経済的な特権，地位およびベネフィットを正当化するに際して，できる限り社会の期待を満足させ，かつそうしたことを実証できるようにまでするのは重荷である。監査プロフェッションがこの件を実行することにおいて，これまで厳密で，完全かつ体系的であったとすれば，これは，監査プロフェッションの採用した基準が承認されるべきものであること，一般の人々によるその他の期待は達成不可能なものとして退けられるべきものであることを，裁判所に納得させる際の最も強力な基盤となるにちがいない。しかし，関連するあらゆる領域において変化と発展が継続して起こり，またあるケースではそれが重大なものとなっている。それゆえ，「一般の人々に対して保持していると名乗れる」ような「特別の技能」を実務家に維持させるのは，実務家にとってかなりの負担なのである。

Mautz and Sharaf (1961) は，彼らの言う慎重な実務家なる概念を説明するに際して，監査人が成果水準を継続して高める必要性に関する命題を以下のよ

うに支持している。

　慎重な実務家は，専門能力の領域における発展に遅れないようについていく。すなわち，彼は不正を実行，隠蔽および発見する方法に関する知識を得ようと努める・・・。慎重な実務家は，監査における発展に精通するために必要な手段をとらなければならない。理性ある人間ならば，継続的な研究と努力なしに，ダイナミックに成長している専門職で能力を維持することは期待できない。(Mautz and Sharaf, 1961, p.138.)

これまで説明してきた法律家による勧告を考慮に入れて，この一般的な命題を以下のように精緻化する，すなわち，
　(a) 正当な注意の要件は，そのケースを巡る状況によって決定されなければならない。
　(b) 合理的な注意と技能の基準は，以前に比べてより厳格であると予想できる。
　(c) 条件の変化あるいは危険因子に関する理解の変化に対応するために，基準の変更が要求される。
　(d) これらの基準は，事業活動を巡る現在の状況やそれに関する知識を含めて，当面する環境に照らして適切なものでなければならない。

これにより，近年の展開をふまえて，監査人が専門能力を発展させかつ成果水準を高める必要がある，その範囲が非常に効果的に説明される。
　監査の対象である組織の規模と複雑さ，組織が関与する取引の複雑さとその意義，記録・意思決定手法・情報システム・経営管理の精巧化，企業経営，行政と政府に関する知識の拡大と理解の増進，経営政策や公共政策の範囲と領域，アカウンタビリティに関するより包括的でより要求事項の多い規準への進展，およびその他の関連要因が一体となって，社会に対する監査人の責任を履行するために必要な判断を下す能力を与えるべく，監査人に対してますます高

度な知的資質と理解の成熟さを要求する。

　その立場を要約すれば，監査人は専門職に従事しており，意見を形成するに際して独立した判断を行使しなければならない。監査人は，同じ職業に従事する他の者が一般に保持している程度の技能を保持していなければならず，それは当面する状況が要求するところに対して十分かつ目的適合的でなければならない。また，合理的な注意と配慮をもってそれを行使しなければならない。十分性，目的適合性および合理性については，他の実務家が行うことを考慮することになるであろうが，最も重要な試金石は，監査人の実践することが，監査人に合理的に要求される水準を満足させているかどうかである。実務の十分性，目的適合性および合理性の点で監査人に合理的に要求されることについては，社会の期待と，知識の変化や被監査組織が業務を運営している状況を考慮することになるであろう。

第10章
実践基準

　監査人は，合理的に求められる技能，注意および配慮をもって行動する法的義務を負い，社会の期待や関連する状況を考慮するけれども，法律は，監査人が保持しなければならない技能の程度あるいは期待される注意や配慮を，詳細な言葉で定義しようとしてこなかった。また，法律はこれまで，監査人自身の参考となるように，意見表明の基礎として監査人が行わなければならないことを具体的に示すこともなかった。こういった問題は，特定のケースでは個々の監査人の判断に任されてきたし，また該当する場合には，一般的に適用可能な事項について勧告することを監査プロフェッション全体に任せてきた。

第1節　平均的な実務家に関わる基準

　監査人は，自身の知識，経験，技能および判断に基づいた意見形成を可能とするために，実施すべき探求と調査，収集すべき証拠の性質と範囲を決定しなければならないということを，認識しかつ受け入れなければならない。監査人は，利用者たる一般大衆が合理的に期待することのできる監査人の責任と成果のタイプを解釈し，かつそれらを規準として参照することによって，業務を実施することを自らに課す職業専門家としての義務を負う。もしそうできないならば，監査人は自らの義務を果たさないことになる。しかしながら，監査人にとって最も重要であることは，「類似する実務に従事し，平均的な技能，注意および配慮を行使する実務家による実践」，それは監査人が判断されるところの1つの尺度，おそらくは主要な尺度であるが，それが何であるかを理解する

ことである。もし，一般的に実施されていることから逸脱する，またはそれに不足するとなると，監査人は危険を冒してそうすることになる。そして，もし意図的にそうするとすれば，その標準からの変化の正当性を立証しなければならないかもしれないことに留意する。自分自身の判断を行使することによって，監査人はある状況の下であるいはあらゆる状況の下で，より厳格な基準に従って業務を実施することになるかもしれない。あるいは，監査人は意識的に，一般に行われている実践の適切さに異議を唱え，それゆえ異なる実践を採用するかもしれない。しかしながら，監査人は一般に従われている実践が何であるかを知っていることが不可欠である。

第2節　概念基準

　以上は，監査人に対して特別な専門能力を有することが期待されている専門的判断に関わる事項であるが，監査人は実務の基盤となるべき理論的あるいは哲学的な原則を必要としている。Limpergの「Theory of Inspired Confidence」はすでに言及した（6章を参照）が，その規範となる核心は「会計士は，自身が良識ある素人に生じさせる期待を裏切らない方法で業務を遂行する義務を負い，また，反対に，会計士は遂行する業務によって正当化できるものを超える期待を生じさせてはならない」，ということである。Limpergは，監査の社会的な側面と監査人の社会全体に対する責任に関心を抱いていた。彼は，社会における監査の一般的機能が，その検査に基づいた専門家であり独立した立場にある者による意見に対するニーズに由来すると考えていた。

　　監査の機能は，社会が監査の有効性と会計士の意見に対して置く信頼に根差している。それゆえ，この信頼は，監査機能が存在するための1つの条件である。もしこの信頼が裏切られると，監査の機能もまた消滅する。なぜなら，監査の機能はその役立ちを失うようになるからである・・・会計士は，自らの監査と意見に対する信頼を正当化するために必要な業務を遂行しなけ

ればならない。もしその業務がこの要件を満たさなければ，特にその業務が最終的に信頼を裏切るようなやり方で，限定された範囲で実施されるならば，監査機能もまたその意味を失う。すなわち，監査機能は現実的な基盤を失い，それゆえ存在理由を持たなくなる。(Limperg, 1985, pp.16 and 17)

Limpergの主張を示すこの短い陳述は，必要とされる成果の基準に監査人がアプローチするための概念的な基礎を明確な形で表現している。それは，成果の基準が，保証に対する社会の期待についての適切な認識，監査意見に置かれる信頼の評価，そしてその信頼を正当化しかつその期待を満足させるのに必要な種類の調査と検査に関する理解に基づくべきことを，認めている。監査人にとって問題なのは，これをいかにして操作可能な表現へと翻訳するのか，また，採用すべき実務に関する他の監査人の見解をどのように考えるかということである。

第3節　監査プロフェッションの責任

本書の第Ⅱ部ですでに述べたが，一般の人々からの信頼の基礎として，監査人には資格が付与されることと，教育，訓練および経験によって関連する専門的技能を修得することが必要である。承認された方法で「資格を得る」過程で，監査人は，訓練，教育および経験を通して，現在の専門的実務と「平均的な技能，注意と配慮を行使する実務家」の基準を学んできたはずである。しかし，資格取得の過程が，その訓練期間中にあらゆる監査状況を含めることは期待できないし，また，もちろん，それが資格取得後における知識の継続的な進歩や社会の監査に対する期待の進展に対応することなどできはしない。専門職の構成員として，監査人は最先端を行き続ける個人的な責任を負わなければならないが，監査プロフェッションは，制度上，特に自己規制の枠組みにおいて，社会のニーズを満たしかつ公共の利益に対する義務を履行する点でプロフェッションとして成功するために，監査プロフェッションへの新規加入者と構成員の

両者の専門能力に関する基準に関与することについて、社会的な義務と、当然とはいえ利害の双方を有している。

したがって、監査プロフェッションが、監査実務に関する諸事項についての調査、研究および経験を通して得たものを融合させたものに基づいた情報を流布する上で、集団的な行動を起こすことのメリットを享受してきたことは驚くに値しない。監査プロフェッションとその代表組織は、また、利害関係を持つ利用者集団への情報として、さらには、特に監査による成果の十分性を検討する機会を有する裁判所やその他の裁決機関に対する指針として、監査実践の分野における権威ある公開文書にベネフィットがあることに気がついているのかもしれない。国際的な職業会計士団体、地域や国の職業会計士団体、たとえば、国際会計士連盟 (International Federation of Accountants)、ヨーロッパ会計士連合 (the Union Européenne des Experts Comptables Economiques et Financiers [1])、および、英国やアイルランドの会計士協会 (the Institute) や団体 (the Association) によって公表された、監査に関する声明書―意見書、基準書、勧告書、ガイドラインは、職業専門家によるこういった関心を示している。イングランドウエールズにおける地方政府に対する監査委員会 (The Audit Commission for Local Authorities)、またスコットランドにおける地方政府の財務諸表に関する委員会 (the Commission for Local Authority Accounts) は、実務に関わる基準を確立させたいとする関心を示すさらなる証拠である[2]。

第4節　専門基準、ガイドラインおよび意見書

この領域での活動が拡がりをみせることで、上述の権威ある声明書の地位について、そこに含まれる指針の目的と範囲に関する注意深い分析を必要とする困難な問題が生じる。国際会計士連盟 (IFAC) は、国際監査ガイドライン (International Auditing Guidelines) の内容説明のための序文のなかで、本事項の目的は、世界中の監査実務の統一性の程度を高める目的で、一般に認められた監査実務に関する、また監査報告書の形式と内容に関するガイドラインを作成

しかつ公表することである，と述べている。各国における地域固有の規制は，制定法としての性格を持つか，あるいは関連する国々において規制団体もしくは専門家団体が公表する意見書の形をとるか，またはその両方であるかであるが，程度の大小はあれ財務情報の監査において実施される実務を律するものと，認められている。多くの国々ですでに公表されている監査に関する意見書は，形式と内容が異なっているけれども，そういった意見書の存在とその差異については認識されており，また，そのような認識の下で国際監査ガイドラインは国際的な承認を得ることを意図している，と言われている。国際会計士連盟は，国際監査ガイドラインの位置づけについて，それは特定の国において財務情報の監査を律している当該地域の規制に優先するものではないと述べている。国際会計士連盟の規約に従えば，会員たる団体はその目的に同意し，かつ地域の事情に照らして実行可能であるときに実行可能な程度まで当該ガイドラインの実施に向けて努力することに合意している。

　ヨーロッパ会計士連合 (the Union Européenne des Experts Comptables Economiques et Financiers (UEC)) の会員たる組織は，組織構成員に対して UEC の最新の意見書の内容に注意の目を向けさせるか，もしくは，そうでなければその国の監査基準に UEC の最新の意見書が基礎としている原則を取り入れることで，UEC の監査意見書を支持しようとする。また，監査手続が法律によって規定されている国では，法が UEC の意見書に適合するように最善の努力をする。さらに，専門基準の整備に責任を負う団体が UEC の監査意見書に確実に目を向けるよう最善の努力をする。

　英国の職業専門家団体[3]の協議会 (Council) は，監査基準 (Auditing Standards)，すなわち，監査人としての責任を引き受ける構成員が従うことを期待される基本的な原則と実務を規定するものと，監査ガイドライン (Auditing Guidelines)，つまり，監査基準を適用するに際して実施する手続に関して指針を提供するもの，との間を区別する。監査基準に関しては，監査人は，それらを遵守することが期待されていることと，それらを遵守していないことが明らかな場合には取り調べの対象となり，結果として懲戒措置が取られることがあ

ることを，教えられている。「監査基準への準拠にあたり」，「監査人は，意見の合理的な基礎を与えるために，当該状況の下で必要となる監査手続と監査報告書の文言の双方を決定するに際して，自らの判断を行使しなければならない」と述べられている。監査報告書に関する監査基準は，監査人に対して，監査報告書において「財務諸表が一般に認められた監査基準に準拠して監査されたかどうか」について明示的に言及することを求めている。

　すでに言及したように，監査基準とガイドラインの公表を支持する多くの論拠が存在する。つまり，実務上の諸問題に関する監査人への情報として，利用者集団への情報として，裁判所の指針として監査基準とガイドラインは伝達されるのであり，学生や研修者に対する教育にそれを付け加えることができる。代表的な専門家団体が承認した監査基準とガイドラインは，現行の一般的な実務と一致していなければならない（しかし，さらなるコメントについては176頁を見よ）。また，それゆえ，同じまたは類似の状況の下で他の監査人が通常採用する手続に注意の目を向ける必要のある監査人にとって，価値のあるべきものでなければならない。同様に，そこで与えられる状況は，訴訟で要求されるほどの具体性はないけれども，特定の訴訟事例で提出される具体的な証拠に関して背景となる知識を与えるために，監査基準とガイドラインは，法廷での一般的な指針として役立つものでなければならない。しかしながら，検証しなければならないのは，監査基準とガイドラインが権威ある地位を有していること，そして，そのことが結果として監査人の立場，責任および義務に対して及ぼす影響である。

第5節　専門基準，ガイドラインおよび意見書の権威

　基本的な原則を規定している監査基準は，平均的な技能を有し，注意を払いかつ思慮のある実務家の標準を示す，決定的ではないが説得的な証拠であると思われる。監査に関するその他の意見書については，専門家団体によって監査基準とまったく同等の地位を与えられているわけではないけれども，それら意

見書が指し示す状況の下で実務家に期待される標準という点で，その説得的な価値はそれほど劣っていないだろうと思われる。監査人は，職業専門家として監査基準に従うことを要求される。その他の意見書は決定的なものではなく，それゆえ監査人には手続を決定するに際して判断を行使し続けることが期待されている。しかし，専門家としての義務を果たすうえで監査人は，監査全体の責任の観点から判断を行使しなければならない。必要とされる標準を示す権威ある証拠としての監査基準とガイダンスステートメント（Guidance Statement）の説得力を考えたとき，裁判所あるいは他の裁決機関は両者を区別していない可能性がある。実際，問題となっているのが監査人の手続であるとすると，ガイダンスステートメントの内容は，監査人の成果の十分性を測る尺度としてより重要でより有効であるかもしれない。

　しかし，いずれの専門家団体であれ，その権限の範囲内では，監査人の判断に優先することや，監査人が判断を行使する義務を否定することなどない。それゆえ，専門家団体が監査基準に与える強力で説得力のある影響は，規範的であるというにはいくらか足りないものであるにちがいない。自身の判断を行使するに際して，監査人は賢明にも監査基準に従うことを決断するかもしれない。もし監査基準が良く練られたものであるなら，たいていの場合，監査人はそうするであろうと思われる。しかし，監査人は個人的な判断を行使するに際して，監査基準から離脱することを決断するかもしれない。仮に監査人の成果がレビューを受けるとすると，そこでの検討事項は監査基準やガイドラインからの離脱があったかどうかではなく，実施したことあるいは実施しなかったことが過失にあたるかどうか，あるいはそれが職業専門家として妥当性を欠く行為に相当するほどの非効率や機能不全を示す証拠であったかどうかということである。

　監査基準や指針といったステートメントを公布するに際して，専門家団体は，その参照を通して実務を方向づけるべき成果の基準を監査人に知らせることで，監査実務の水準を維持かつ向上させようとする。これらの基準は，その源泉によって，つまりそれらが専門職の支配的な団体の承認を得ているという

事実によって,直接的な権威を有している。その権威は,基準が十分に練られたものであると判明した場合にのみ維持される。また,それは,訴訟に至る事例では,裁判所の究極的な権威に従属する。監査基準の権威は詰まるところ,社会的な面での妥当性や適切性から導きだされるであろう。それゆえ,専門家団体が追求しなければならないのは,これなのである。

　上で言及した法律の権威は,専門家たる証人が証言した基準はかなり説得力のあるものであるが絶対的ではないことと,裁判所が合理的に要求されるものであるとして確信を持った実務を採用しなければ,たとえすべてのプロフェッションが同じことをしたとしても,それでもなお義務違反となることを明確にしている。このことは,監査人が専門家団体によって公布された基準あるいはガイダンスステートメントの適用に際して,常に自分自身の判断を行使するように警告されていることを意味する。ある基準を軽視するかもしくはそれを知らない監査人と,当該基準を不適切なものとして除外する監査人とを区別する必要がある。監査人にとって極めて重要な試金石は,自らの成果が法の求める水準を満足させているかどうかである。承認された基準への準拠は,目的に対する手段であり,それ自体が目的ではない。

　それゆえ,監査の基準設定プロセスは,動的で,漸進的で開かれたものであることが重要である。過去の経験に基づいた実務を成文化したものにすぎない監査基準は,監査の役割に関する最も基本的な原則を除けば,常に時代おくれになるように思われる。過去の経験は重要であり不可欠な貢献要因であるが,それだけでは十分ではない。監査の基準設定プロセスには,社会のニーズや期待を満足させる成果水準とは何かについて,監査人が最善の指針を授かることを保証するために,学際的な研究の基礎を持つことが必要である。

第11章

品質管理

　監査人は，自らに課された責任を果たすために，合理的に期待され得る最も高い水準で業務を行う，法的な責務と職業専門家としての義務の両方を負っている。監査人は，意見を表明するか報告をしなければならない事項に関して，一定の確信の状態に至らせるような性質と範囲の調査を実施し，十分な証拠を入手しなければならない。確信のレベルは，意見または報告の宛名である者の期待と関連していなければならず，また，当該報告あるいは意見のなかで正確に表現されなければならない。これは，監査人各自の個人的な責任である。その責任を果たすに際して，監査人は実施すべき調査の詳細，すなわち，何を調査すべきなのか，また調査の目的は何か，求める証拠の種類と実施する手続および実務を決定しなければならない。

　しかし，監査人が手続を明示するだけでは不十分である。調査により得られた発見事項の結果として，実施する手続の範囲内で判断に基づいて新たな取り組みを実施する余地もあるに違いないが，明示したこれら手続や実務を採択し，かつ適切に実行しなければならない。加えて，監査を計画および実施するに際して，監査人は，専門家団体が公表した監査基準やガイドライン，さらには裁判所の判断が実務にもたらす影響を顧慮し，また通常それらに従わなければならない。

　かりに，監査人が自分自身の業務に対してのみ責任を負うのだとしても，以上のことはすべて十分にむずかしいと言える。しかし，監査の性格からして，ごくまれに，そして最も小規模の監査においてのみ，主任監査人が自分ですべての業務を遂行することがある。こういったケースを除けば，すべての監査に

おいて，さまざまな能力を持った多くの人間が関与する。たとえば，国際的な会社集団に対する最も規模の大きい監査には，非常に多くの者が従事する。このことは，自分自身の名前であれ事務所の名前であれ，監査意見あるいは報告に対して個人的な責任を最終的に負わなければならない主任監査人にとっては，監査業務に係る責任の委譲の取り決めを行わねばならないことを意味し，それには指揮，監督および統制が伴う。

20世紀における発展から生じた監査の規模と監査の複雑さ，およびその結果として生じた監査の失敗がもたらした重大で深刻な影響によって，監査を実施する際の指揮，監督および統制に対する完全に組織的かつ包括的で形式化されたアプローチの存在が不可欠なものとなっている。今日，「品質管理」として正しく説明されている取り決めは，監査のマネジメントの重要な1つの側面である。それゆえ，その基礎となる原則を確立することが重要である。

監査プロフェッションは制度上，また専門家団体も，実務の基準を整備することに利害を有する。それゆえ，公共の利益に対する責任を果たす上で，監査人は，個々にあるいは全体として，一般の人々が合理的に期待する権利のある水準を下回っていないかどうかについて配慮する義務を負っている。公共の利益という要素が関係しているため，国もまた関心と責任を有している。この義務は，任命を受けた専門家団体を通して，あるいは国の規制機関によって直接的に実行に移される。それゆえ，自主規制環境の下で専門職のために行動する専門家団体，あるいは監査人が国の直接的な監督の下で規制を受けることになる任命された規制機関は，監査人が利用可能な基準を監視するための手続を備えていることが必要となる。監視機関が積極的に関与すべきであるかどうか，あるいは注意を惹くような失敗が生じた場合のみ対応すべきかどうかは，状況次第であろう。これについては以下でより十分に議論されるであろう。

第1節　一般の人々からの信頼

専門職は，その権威がとりわけ一般の人々からの信頼に依拠し，また，その

社会的機能を果たすには，公共の利益に対するコミットメントを必要とする。それゆえ，個人としても全体としても，専門職の構成員の側で業務において最高度の品質を統制かつ維持することに当然に関心を持つということは，基本的な原則といえる事柄である。専門能力に対する一般の人々の信頼と信用を維持させる基盤となるのが，専門職の構成員の水準が維持されていることと，それが信頼できるという一般の人々の確信である。職業専門家としての名称は，一般の人々にとって，その水準が満足のいくものであるということを意味する。そして，それゆえ，専門職全体として，また個人として，その水準が満足のいくものであることを保証する義務が存在する。したがって，監査人が個人としても専門職全体としても，一般の人々および監査報告書や監査意見を利用する者に対して，報告書や意見がそこに至るまでの基礎を得ることができた結果として適切に作成ないし表明され，信頼を置くことができ，それゆえそれらが言及する事項に信憑性を付与していることを保証するための適切な行動を取ることが不可欠である。現況では，監査プロフェッションが個人としてであれ全体としてであれ，その成果の品質を統制かつ維持するやり方で業務を遂行していることを実証するために，これまでより積極的な行動にでる必要がある。

1. 監査人のアカウンタビリティ

一般の人々に対する大規模企業のアカウンタビリティに関する関心の高まりと，監査は社会的な統制機構の，またアカウンタビリティを監視する際の極めて重要な要素であるとの新たな認識が生じた結果として，それら大規模企業を監査する責任を負う監査プロフェッションがそれ自身，公的に十分にアカウンタビリティの義務を負うことができるかどうかについて，現在疑問が生じている。これは比較的新しい課題であり，これまでそれが持つ意味についてすべてが探求されてきたわけではない。しかしながら，それは監査の水準に対する一般の人々の関心を増大させる要因の１つであり，またそれは，満足のいく成果水準を維持させる組織と手続を，監査人が再検討する責任をなおいっそう強調することになる。

2. 監査事務所の専門基準

　監査の水準を維持することは，実務および手続の標準を定めるという問題だけではない。それには，その実務および手続が実践されることと，水準が実際に維持されていることを保証するために必要な組織上の取り決めを導入し，かつ運用することが必要である。監査において品質管理という概念は新しいものではないけれども，職業専門家としての責任を果たしたことを外部へ表明する手段として，品質管理はより包括的で，かつ重要となってきている。今問題となっているのは，監査人個人の専門基準だけではなく，組織体としての監査事務所に関する専門基準である。品質管理は，今や専門実務の組織化のあらゆる側面において，専門基準への準拠を確立，監視，レビューおよび確保することを目的とする方針および手続に関係がある。

3. 専門家団体の責任

　品質管理の方法を決定する主たる責任は，監査人と監査事務所が負う。一般の人々からの信頼を得るために，品質管理の方針と手続が存在しかつ運用されることは周知の事実でなければならない。専門家団体は，構成員の水準や能力，さらに専門職の社会における地位と評判について制度上責任を有するが，これもまた品質管理の方法を決定する責任を負う。すなわち，専門家団体は，最低限，十分な品質管理の方針および手続が適用されていることに満足しなければならない。このことは，専門家団体が個々の監査契約において，公表された監査基準への準拠を監視することやそれを強制する手段を手に入れようとすることで自らの義務を履行できることを意味しない。問題はもっと一般的でかつ根本的なものである。専門家団体は，監査人と監査事務所が高水準の監査と一般の人々に対するアカウンタビリティを達成するために，―公表された監査基準に準拠することはそのほんの一部分にすぎないが―監査人および監査事務所が方針および手続を運用していることについて，相当程度の確信を得るために必要な手段をとる必要がある。

専門家団体は，さまざまな方法でその責任を果たすことができる。論争となっている問題は，承認可能な方針および手続が公表され，監査事務所がそれに専心することに専門家団体が満足することで十分であるかどうか，つまり，何らかの検査システムが必要な状況かどうかということである。

　しかし，重要なことは，監査基準，勧告書やガイドライン，レビューおよび検査といったどんなシステムも，人間の失敗の可能性を排除することも，また一般の人々に対して誤りが生じないことも保証するわけではないことを，理解することである。監査人は個人的な責任を負っているが，仮に責任を果たせないとしたら，それに対する利用可能な処方箋がある。基準，方針および手続に関する専門家団体の見解は，十分に理解されているならば大きな権威をもたらすであろうが，個々の監査人はそれぞれの状況の下で自らの十分さと適切さを満たすべく個人的な責任を負う。監査人は，論議が生じた場合，自らの十分性に関する最終的な判断は，専門家団体ではなく裁判所によってなされることを心に留めておかなければならない。

　監査プロフェッションの水準と業務を実施する方法に対して一般の人々が持つ，より明らかな懸念に対処しなければならないのは，監査プロフェッションだけではない。職業専門家の責任と誠実性に関する原則では，もはや懐疑的な一般大衆の信頼を得ることができない。監査プロフェッションは，その地位と特権がもたらす社会的および経済的便益と理解されているものを，――それが実体のないものであろうとも――享受し続けることを認められるように，社会に対して自己の正当性を常に立証し続けなければならない。パラドックスと言えるのは，監査プロフェッションは現に今ある姿に対して一般大衆から攻撃されるけれども，その批判して止まない同じ一般大衆が，監査プロフェッションを象徴する価値やサービスについて監査プロフェッションに依存できるということを期待し続けている，ということである。それゆえ，監査人はこういった新たな状況と折り合いをつけていかなければならない。監査は，社会的統制の不可欠でかつ拡張している機構の一部であり，監査基準は社会の基準として重要である。それゆえ，品質管理に関する監査基準，方針および手続は，社会のニー

ズと期待が進化していく文脈のなかで積極的かつ動的に理解され，また理解されるだけでなく効果的に実施されなければならない。

第2節　品質管理の方針と手続

　監査基準の性格と重要性は，すでに9章と10章で取り扱った。品質管理の方針と手続を支配する一般原則は，品質管理の方針と手続が，監査人の職業専門家としての義務を果たすために必要な水準を維持しかつ強化することに関連するすべての事項を含まなければならない，というものである。取り扱わねばならない事項は，便宜上，4つの主要な見出しの下でグループに分けることができる。

1. 全般的方針：実務の原則；独立性；クライアント
2. 職員：契約；訓練；職業専門家としての発展；業務の割り当て
3. 監査の管理と実務：訓練；業務の割り当て；指揮；監督；協議
4. 査閲とレビュー：内部による；監査後；オフィス間；実務の査閲

1. 全般的方針

　専門的な任務の遂行に対する個々の監査人そして／あるいは監査事務所の姿勢や哲学と，適用しかつ到達すべき水準は，監査事務所のすべての者が理解できるように十分に明らかでなければならないし，またそのすべての活動に浸透していなければならない。品質管理は，系統だった教育，指揮，監督およびレビューを通して実施され，それらは包括的な文書化の対象となるけれども，あらゆる様相や偶発的な出来事をカバーできるわけではない。品質管理全体のプロセスのうちの不可欠な要素は，監査事務所内での質的水準に関する雰囲気あるいは気風を作り出すことである。これは文書のように目に見えるものではないが，事務所に所属する者の姿勢や成果のなかだけでなく，文書にも反映されるであろう。それはまた，監査事務所の詳細な規則やガイドラインにも反映さ

れるであろう。そういった詳細な規則やガイドラインは，たとえば，監査の独立性に係る原則の操作可能な適用方法を解釈するため，監査上の困難事項にどう対処すべきかを説明するため，新規顧客を受嘱する条件を定めるために，また任務の終了を検討すべき状況を示すために作成すべきものである。

以上は，包括的な品質管理システムにおいて具体的に文書化される指針の対象となるべき事項であり，その指針は通常適用される規準を示しており，相当の検討や協議を経なければそこからの逸脱は認められない。

2. 職　員

専門的な業務の水準は，個々人の成果に依存している。すなわち，品質管理における最も重要な要素は，まちがいなく個人の水準であり，また監査事務所のあらゆる階層における職員の能力，注意，および業務の遂行の水準である。

品質管理は，従事する任務に適した能力だけでなく，それに適合する気質や性格といった属性を備えたスタッフを選考し契約を結ぶべく，注意を払い，また規準を適用することから始まる。専門能力を維持するために，またバランスのとれたスタッフ構造を確保するために，これを，訓練，継続的専門教育，キャリアカウンセリングとキャリア開発，および昇進計画を含む人事方針と関連づけなければならない。

こういった専門的な能力を創造するための手段と関連するのは，各々の状況の持つ具体的な特徴に合わせて，必要な知識，訓練，経験および適切な資質を備えたスタッフを任務に割り当てるように選択するための取り決めである。もちろん，必要な能力を持たない監査への任命を受け入れないことも，監査人の側での専門家としての義務である（5章を参照）。

3. 監査の管理と実務

適切なスタッフが選考されると，品質管理には以下のことが必要となる。スタッフは，特定の監査に関連して一般的な形でまた具体的な特徴に関して適切な指示を受けること，当該監査業務に必要となる追加的な訓練を受けること，

加えて，監査事務所の考える実務が実践されていることと基準に準拠していることを確保するために，スタッフの業務が監督とレビューを受けることである。これには，各業務について任務と具体的な責任が割り当てられるように，スタッフが適切に組織化されている必要がある。すなわち，監査マニュアルと技術指導によって裏づけられた監査計画書，技術的な論点や問題点が生じた場合の協議や遡って参照する対象の範囲に対する現場での監視，監査調書と監査計画書の完了の査閲，さらには，監査完了前に生じた問題点に対する行動と処置に関するレビューが必要となる。

4. 査閲とレビュー

品質管理の最終段階は，監査意見あるいは報告書に署名する前の査閲とレビュー，および監査完了後のレビューである。

監査意見または監査報告書に署名する責任を負う主任監査人は，もちろん，監査調書，完了した監査計画書，発生した問題点の査閲とレビューを実施する。それには，当該監査への個人的な関与と，各ケースで必要とされることがある発生した監査上の問題に対する解決策に加え，関係したスタッフとの間での必要と考えられる個人的な議論が含まれる。特により規模の大きい監査では，署名する前の最終段階で，監査事務所の同じオフィスに所属しており，それまで当該監査に関与しなかった別の主任監査人が，監査調書や監査計画書，また発生した問題に対する処置をレビューする。それにより，これら事項に対するセカンドオピニオンや，事務所の基準，実務および手続が遵守されたかどうかについての検討結果がもたらされる。

監査報告書または監査意見の公表に引き続き，品質管理には監査実施後レビューシステムの運用が必要である。これは，特別に任命された監査事務所の専門スタッフ，あるいは監査事務所が2つ以上のオフィスを有している場合には監査事務所全体による包括的なレビューであり，監査調書，完了した監査計画書および発生した監査上の諸問題に関わる記録を対象とする。その目的は，基準が整備され，かつ実務がそれを遵守しているかどうかについて組織的で慎重

な評価を行うことだけではない。加えて,もっと広い関連性と関心の下で,全般的な実務上の問題があるかどうかや,基準または実務において変更そして／あるいは改善を検討すべき領域を見つけ出すことにある。監査実施後レビューの一部として,オフィス間のレビューもあり得る。その場合,ある監査事務所の監査調書から検査対象を選択し,それを同じ監査事務所の別のオフィスに属する主任監査人がレビューする。この目的は,オフィス間相互の利害が問題となっている場合に,相互協力に基づいて,当該監査事務所による監査の管理に変更または改善の余地があるかどうかについて確かめることにある。

第3節　実務の検査

　品質管理に関するこういった方法のすべてが,監査事務所内で採用されている。監査人と監査事務所がその主たる責任を負う。専門家団体は,品質管理の方法と手続が採用されてきたことと,職業専門家としての水準が維持されていることを確認する責任がある。国は公共の利益を守ることに関心がある。それゆえ,品質管理が効果的な仕組みとなるために,監査事務所の外部にあり,かつ独立した者によるレビューと検査の手続が必要であるかどうか,もしそうならばこれをどのように準備するかについて検討がなされなければならない。

　品質管理のより体系的な方法を開発することには,2つの主要な目的がある。第1は,利用者のニーズや期待との関係で,可能な最高の水準でサービスを提供する職業専門家としての監査人の義務を果たすことと,不十分もしくは不満足な業務がもたらす影響に対して,自身を擁護することにより補完的に自己の利益を満足させることである。第2は,高水準の専門サービスへの関心を示すことにより,またそれを確保するための適切な行動を選択することにより,一般の人々の信頼を維持する必要性を満たすことである。

　すでに指摘したように,規制主体は,―専門家による自主規制団体であろうと国の規制機関であろうと―この問題に関心を持っている。規制主体が受け身的だと言えるのは,不満足事項が目を引く場合にのみ監査人および監査事務所

に対して行動を起こす,すなわち,指針を公表し,また監査人および監査事務所に対して,品質管理の必要性に関して当然払うべき関心を払うように促すことに限定する場合もしれない。そうではなく,失敗を犯した者に対して指針を提示する,もしくはペナルティを科す目的で,すべての監査人の業務の検査を開始する場合には,積極的な役割を果たすと言えるかもしれない。

監査プロフェッションに対する外部からの監視がどれくらい積極的で懲罰的であるべきかに関しては,専門的な見地から考慮すべき事項だけでなく,社会的かつ政治的な観点から考慮すべき事項がある。外部によるレビューシステムを重視する考え方は,さまざまな形を取り得る。すなわち,監査人および監査事務所が自身の取り組みのなかで弱点を識別するとともにそれを修正するよう支援する,概して教育的で補助的なものから,業務水準を改善し,また不足分に対する一般の人々からの批判を回避するために,さらには一般の人々からの信頼を維持あるいは回復させるために,より高度な政策を取るものまである。監査プロフェッションが業務水準を維持できず,一般の人々からの信頼をかなりの程度失った状況の下では,非常に積極的な外部モニタリングシステムが必要かもしれない。しかし,そのようなシステムは逆効果となり得る。というのも,プロフェッショナリズムのまさに本質と言えるものに対する信頼が失われたことを公に証明することにより,監査プロフェッションの権威が損なわれるからである。しかしながら,外部によるレビューシステムは,一般の人々からの信頼を傷つけることなく,むしろ監査人および監査事務所自身が採用してきた手段を強化することによって,一般の人々の信頼を維持するように運用することができる。

1. 実務検査の目的

外部によるレビューのシステムは,「実務検査」,「実務品質レビュー」,あるいは「ピアレビュー」と説明されている。

実務検査あるいはレビューの目的は,レビュー対象たる監査事務所の品質管理システムが,適度に包括的であり当該事務所に適合するように設計されてい

るかどうか，品質管理の方針および手続が十分に文書化されかつ専門業務を行う職員に伝達されているかどうか，専門基準に準拠していることについて合理的な保証を事務所に与えるようにそれら方針および手続が遵守されているかどうかを，判断することにある。原則は，自分たちの監査実務が，確立された専門基準に完全に準拠して実施されているかどうかについて，責任ある，情報に基づいた客観的な見解を監査事務所が手に入れるということである。実務検査の顕著な特徴は，検査の対象は監査事務所であること[1]，検査は常態で，つまり専門基準違反の申し立てがなく実施されること，そして検査は主として特定の監査業務ではなく，事務所の品質管理に関する方針および手続とその運用に向けて行われる，ということにある。

2. 実務検査を実施するスタッフの配置

検査／レビューは，以下の者によって実施される。
(a) 規制機関あるいは専門家団体の常勤スタッフ
(b) レビューのために専門家事務所から配属されたスタッフによる補助を受けた，規制主体あるいは専門家団体の常勤スタッフ
(c) レビューのために，責任ある団体による要請を受けて専門家事務所から配属されたスタッフ
(d) 別の監査事務所（「事務所間レビュー」）

これらそれぞれについて利点と欠点がある。専門家団体あるいは規制機関の常勤スタッフは，より偏見がなく客観的でかつ独立しており，競争相手の顧客記録に対して私利を持たないように思えるが，取り扱う実務上の諸問題に十分に精通していないと考えられる。「事務所間レビュー」に関しては，レビュースタッフは実務上の諸問題により精通していると期待されるが，外部者からは実務上の課題に対して同情的すぎると考えられ，レビュー対象者からは顧客記録に対するアクセスを好ましく思われないかもしれない。実務検査の重点がプロフェッションの構成員に対する教育とサービスに置かれている場合には，専

門家団体の常勤スタッフがより適切で，またよりコスト効果的であると考えられるかもしれない。

3. 実務検査報告書

　実務検査報告書は，もちろん，検査を受けた監査事務所と実務検査について責任を負う団体に送られるであろう。実務検査の主たる目的は，一般の人々からの信頼を高めることにあるので，報告書を一般の人々による閲覧のために公開すべきかどうかについては疑問が生じる。もし，実務検査が一般の人々の信頼を大きく損ねたがために導入されてきたのであれば，不十分な点に関するコメントとレビューを受けた事務所や規制主体が取った処置に，一般の人々がアクセスできるように整理しておくべきことに，ほとんど疑いがないであろう。監視システムが運用されていることを目に見えるようにしておくことは，一般の人々からの信頼を得ることに資する重要な要因である。もし，実務検査が品質管理システムの最終段階であるとして，規制システムが満足のいく形で運用されているように見え，かつ監査の水準に対して一般の人々の側で何ら不満な点が存在しない状況であるならば，上記の主張はそれほど説得力があるとは言えないかもしれない。しかし，それでもなお，報告書の公開は望ましいように思われる。

4. 実務検査，頻度およびコスト

　実務検査には追加的な監査コストがかかる。それゆえ，実務検査が生み出す一般の人々にとっての価値やベネフィットについて考慮する必要がある。監査人および監査事務所は，正当な注意を行使する専門家としての義務を負い，それには最高水準での専門業務を確保するための適切な手段が必要となる。しかしながら，監査においてはコストとベネフィットに対して考慮が払われる。リスクを低減させるにはコストがかかるし，リスクをすべて排除することは不可能である。また，信頼の水準を引き上げるためにかかるコストがベネフィットと釣り合わない段階がある。すべての状況をカバーする具体的な規準を定める

ことは不可能である。しかし，監査プロフェッションが社会において高い評判を得て，良い評価を受け，教育やその他の参入水準が高く，監視および規律の手続が厳密かつ有効であり，最終段階の署名前のレビュー，監査完了後のレビューおよび事務所間レビューが十分に理解されかつ効率的に運用されている場合には，重大な不満足事項が生じている場合を除いて，外部による計画性のある実務検査が一定間隔以上の頻度で必要であるとは思われない。上記の前提のうちのいずれかに何らかの不足があれば，実務検査計画の拡張を再考する必要があるであろう。

5. 実務検査に係る責任

　監査に対する一般の人々からの信頼に及ぼす影響は，実務検査を検討する際の1つの重要な要素である。実務検査の運用と有効性に関する一般の人々の理解が重要である。実務検査が，高水準の監査の維持を確かなものとし成果を改善し，かつ不足分を明らかにしたことについて，一般社会を納得させることができないと，それは実務検査の主たる目的が達成されなかったことを意味するであろう。関係した監査事務所はおそらく実務検査によりベネフィットを得たであろうし，また監査の水準は高められたであろう。もし，それに応じて一般の人々の監査に対する信頼が高められないならば，このことは，価値はあるが限られた価値しかないであろう。それゆえ，実務検査を組織化する方法が，実務検査に対する一般社会の理解にとって有効であるかどうかを判断しなければならない。もし実務検査が監査の水準に対する一般の人々の信頼を維持するために必要ならば，その検査が検査対象である専門職から独立した形で実施され統制されることは不可欠なのであろうか。たとえば，もし一般の人々が監査の水準に対して疑念を抱いている，とりわけ信頼の危機があるとしたら，一般の人々の監査の水準に対する信頼は，事務所間レビューによって回復され維持されるであろうか。

　すでに述べたように，監査基準，勧告書やガイドライン，レビューおよび検査のどんなシステムも，人間の失敗の可能性を排除することも一般大衆に対し

て誤りが生じないことを保証することもないであろう。監査による保証に対する一般の人々の期待が，現実的に可能であるものを超えている傾向がある。また，監査の失敗が生じた場合，監査の基準に対してだけではなく，品質管理システムに対しても批判が生じるように思われる。短期的にみれば，専門家団体が組織化した実務検査のシステムにより水準を維持する努力によって，監査プロフェッションは信用を得るように思われる。しかし，長期的にみれば，検査のシステムは信用を失い，また，当該システムは十分に厳密ではないとか，公共の利益に奉仕していないという一般の人々の主張に対して，監査プロフェッションの構成員はプロフェッションを擁護するために一致協力すると予想されるとの批判，—そういった批判が正当化されるわけではないけれども—を受ける危険性がある。こういった潜在的な批判に対しては，少なくとも部分的には，専門家団体が実務検査のシステムを，社会的な地位と評判を得た，監査人でない者のグループの統制に置くことで対応することができるだろう。

　監査プロフェッションに対する信頼がある限り，監査プロフェッションが組織化する実務検査に対する信頼も存在する。それゆえ監査プロフェッションは，実務検査システムの独立性と，当該システムが監査基準の弱点を識別しかつそれを改善させる能力に対する信頼とを確保するためのセーフガードを有することになる。しかしながら，監査基準と監査の権威に対して現実的に信用の危機が存在するとしたら，より独立性のあるレビューシステムによるのでなければ信頼を回復させることができないのでは，との疑念が生じるに違いない。実際に一般の人々が感じているジレンマは，もし他者を監査することについて監査プロフェッションを信頼することができないとしたら，監査プロフェッション自身を監査することについてどうして監査プロフェッションを信頼することができるであろうか，というものである。

　このジレンマは，監査プロフェッションのプロフェッショナリズム，能力，独立性，卓越さの水準，そしてこれら努力目標を支える品質管理システムに対する社会の信頼を，監査プロフェッションが維持することの決定的な重要性を強調することに役立つ。

追　記

　著者は情報源となった記録をもはや持ち合わせていない。しかし，書類に混じって次のようなメモが残っている。

　　エドワードⅠ世統治下におけるウエストミンスター法は，監査人を「重要なる役人」であるとしている。

　著者は，かつてないほど監査人の重要性が高まっていると考えている。本書が監査人の果たす役割の重要性を理解するのに役立つことを期待している。

注

第1章

1　イギリスでは，1978年に欧州経済共同体（EEC）が会社法（Company Law）に関するEEC第4号指令を採択したことに従い，法律により財務諸表の監査を受けることが要求されている「小規模」会社は，当該指令によって与えられた裁量の観点からその義務が緩和されるべきかどうか，という問題が検討された。当該指令の提案は，監査の代わりに，小規模会社の財務諸表は「レビュー」を受けるべきである，というものであった。その意味するところは，「レビュー」は「監査」とは異なるということである。これは，監査とは何かということが十分に理解されていることを前提にしている。提案のなかで議論の焦点となった問題のいくつかは，財務諸表の利用者に，「レビュー」とは何か，またそれが利用者のためにどんなベネフィットあるいは保証を生み出すかを伝達することの難しさと関連していた。監査の意味について理解されているとの先の前提には十分な根拠はないし，また，レビューとは何かについて明らかではないけれども，少なくともレビューが監査とは異なるものとして区別できると考えられていたように思われる。

　　この時点では，何のアクションも取られなかったが，経済産業省（Department of Trade and Industry）が小規模会社に関する会計および監査規定（*Accounting and Audit Requirement*）に関する市中協議文書（consultative document）を公表したことに従い，再び検討が始められた。監査ほど厳密ではない財務諸表に対する「独立レビュー」とする代替案が再び論じられた。しかし，再度，何ら変更しないことが決定された。

2　業務監査は，組織による目標および目的の達成度を測る手段を提供することを意図する。業務監査は，内部監査機能を組織の業務のほとんどすべての側面に拡張したものであり，業務手続や内部統制の有効性を評価する方法を経営者に提供する統制技法であるとみることも可能である。業務監査は，全般的な目標の達成，業務手続および内部統制の有効性，個々の管理者の成果，さらに，組織の業務の財務的な側面だけでなく非財務的な側面にも関係する。

3　企業あるいは他の組織の目的，計画，手続および戦略に関わる経営管理の成果に関する独立外部監査人による包括的な検査，分析および評価と，責任の履行面での経営

管理の有効性に関する意見の表明。
4 最低限のコストで適切な品質と量の資源を獲得すること。
5 活動に充当した資源から有益なアウトプットを最大限獲得すること。必要最低限の資源を利用して要求されたアウトプットあるいは目的を達成すること。あるいは，最小限の資源のインプットで賄える活動方針あるいは指針を採択して要求される目的を達成すること。
6 資源をインプットした結果として活動方針あるいは指針が掲げた目的の達成に成功すること。
7 社会監査は，社会的責任と，組織が社会とのさまざまな関係——雇用主，製造業者，卸売業者，社会の構成員等として——において行動する仕方を監視することに関係がある。

第2章

1 Mautz and Sharaf（1961）は監査公準案を導入するに際して，アリストテレスの次の文を引用している（*The Thirteen Books of Euclid's Elements*, translated by Sir Thomas L. Heath, vol.1, second edition, p.119)。「すべての論証的学問は，論証の不可能な原理から出発しなければならない。さもなければ論証の段階は，はてしなく続くであろう。」
2 さらなる情報や論議については，たとえば次を参照せよ。Michael G. Sheldon, *Medical Audit in General Practice* (London, The Royal College of General Practioners, 1982).
3 「真実かつ公正な概観」に関するさらなる論議については，次を参照せよ。David Flint, *A True and Fair View in Company Accounts* (London, Gee, 1982).
4 アメリカ公認会計士協会の監査人の責任に関する委員会（Commission on Auditor's Responsibilities）が命じた調査研究は1つの報告書に結実した。当該委員会が主張するところによれば，その報告書は，全体的な経済性の見地からみた個々の監査顧客および監査人のコストとベネフィットを分析するための多くの有望なアプローチを確認したという。次を参照せよ。Melvin F. Shakun, *Cost Benefit Analysis of Auditing, Commission on Auditor's Responsibilities Research Study No.3* (New York: American Institute of Certified Public Accountants, 1978).

第3章

1 欧州委員会（the European Commission）の第8号指令（84/253/EEC:OJNo.L126, 12.5.1984）は，会社や法人の年次財務諸表の監査に責任を負う者の資格を取り扱っており，

「会計記録に対する法定監査には高水準の理論的知識が要求されること」を認めている。当該指令は，監査人として承認される者に対する教育および訓練に関する共通の基準を規定している。監査人として承認される者は，大学入学レベルに到達し，理論的な教育に係る過程を修了し，最低限3年間にわたる実践的な訓練を経験したうえで，さらに国が承認した大学卒業レベルの専門試験に合格しなければならない。理論的研究と実践的訓練の主題が規定されているとともに，実践的訓練に関する特定の条件が明記されている。

第4章

1　監査人と個人的な関係を有する者の財務状況に及ぼす影響もまた考慮しなければならない。たとえば，配偶者，子，親またはパートナーが保有する投資，いずれであれそれらの者による借入もしくは貸付，あるいは，いずれであれそれらの者が有する信託財産に係る権益は，潜在的にいって望ましくないものと言える。監査人が従業員，親友あるいは共同取締役による上述の関係を知っている場合には，当該状況もまた考慮する必要があるかもしれない。

2　監査人は，公平性と客観性がなくとも行動することができると主張するつもりはない。ここで議論していることは，監査人が影響または圧力にさらされている程度である。

第6章

1　この問題に関するさらなる論議については，次を参照せよ。David J. Hatherly, *The Audit Evidence Process* (London: Anderson Keenan, 1980).

第7章

1　London v. General Bank (No.2) (1895) 2 Ch.673 を参照せよ。

2　次を参照せよ。Department of Trade Inspectors, *Report of Investigation under Section 165 (b) of the Companies Act 1948 into the affairs of Peachey Property Corporation Ltd* (London: HMSO, 1979), p.156.

3　ジレンマに関する論議については以下を参照せよ。Lee J. Seidler, 'Symbolism and Communication in Auditor's Report', in Howard Stettler (ed.) *Auditing Symposium III; Proceedings of the 1976 Touche Ross/University of Kansas Symposium on Auditing Problems* (Lawrence, Kansas: School of Business, University of Kansas, 1976), pp.32-44.

第8章

1 重要性に関するさらなる論議については以下を参照せよ。T. Lee, *Materiality, An Audit Brief* (London: Auditing Practice Committee of the Consultative Committee of Accountancy Bodies, 1984), and Donald A. Leslie, *Materiality: The Concept and its Application to Auditing, a Research Study* (Toronto, Canada: The Canadian Institute of Chartered Accountants, 1985).

第10章

1 ヨーロッパ会計士連合 (the Union Europeenne des Experts Comptables Economiques et Financiers) は消滅し,1987年1月からはヨーロッパ専門会計士連盟 (Federation des Experts Comptables Europeens (FEE)) がその役割にとって代わり効力を発揮している。
2 イングランド・ウエールズ地方自治体監査委員会 (the Audit Commission for Local Authorities in England and Wales) を創設した1982年地方財政法 (The Local Government Finance Act 1982) (14条) は,「監査委員会は,本法の下で監査人がその機能を遂行すべき方法を規定した監査実施コードを作成するとともに,それをたえず見直さなければならない。」,また,「監査実施コードは,監査人が用いるべき基準,手続および技術に関し,監査委員会からみて最善の専門的実務と思われる事項を具体的に表現したものでなければならない。」,さらに「監査実施コードは両院の決議により承認を得るまでは効力を有しない。」と規定した。このような権限の下で,当該監査委員会はイングランド・ウエールズ地方自治体監査実施コード (Code of Local Government Audit Practice for England and Wales) を作成した。
3 イングランド・ウエールズ勅許会計士協会 (The Institute of Chartered Accountants in England and Wales);スコットランド勅許会計士協会 (The Institute of Chartered Accountants of Scotland);アイルランド勅許会計士協会 (The Institute of Chartered Accountants in Ireland);公認会計士勅許協会 (The Chartered Association of Certified Accountants);公共体財務会計担当者勅許協会 (The Chartered of Public Finance and Accountancy)。

第11章

1 カナダにおいて個々の構成員が検査を受けた体験に関する報告については,次を参照せよ。David A. Wilson, *Practice Inspection: Weaving a Strong New Thread into the Professional Fabric*, Arthur Young Lecture No.8 (Glasgow: Department of Accountancy, School of Financial Studies, University of Glasgow, 1986).

参考文献

AAA, *Studies in Accounting Research No.6: A statement of Basic Auditing Concepts* (Sarasota: American Accounting Association, 1973) p.2.（青木茂男監訳，鳥羽至英訳『基礎的監査概念』国元書房，1982年）

AICPA, *Statement on Auditing Standards No.1* (New York: American Institute of Certified Public Accountants, 1973) p.1.

AICPA, *Report, Conclusions and Recommendations of The Commission on Auditors' Responsibilities* (The Cohen Commission) (New York: American Institute of Certified Public Accountants, 1978) p.xii.（鳥羽至英訳『財務諸表監査の基本的枠組み－見直しと勧告－』白桃書房，1990年）

AICPA, 'Restructuring Professional Standards to Achieve Professional Excellence in a Changing Environment', *Report of the Special Committee on Standards of Professional Conduct for Certified Public Accountants* (New York: American Institute of Certified Public Accountants, 1986) p.15.

Barradell, M., *Ethics and the Accountant* (London: Gee, 1969).

Burton, J.C., 'Symposium on Ethics in Corporate Financial Reporting', *Journal of Accountancy*, January 1972.

CICA, *Report of the Special Committee to Examine the Role of the Auditor* (Toronto: Canadian Institute of Chartered Accountants, 1978) para. B3.

Department of Trade Inspectors, *Report of investigation under Section 165 (b) of the Companies Act 1948 into the Affairs of Peachey Property Corporation Ltd* (London: HMSO, 1979) p.24.

Dickerson, R.W.V., *Accounting and the Law of Negligence* (Canada: Canadian Institute of Chartered Accountants, 1966).

Gilling, D.M., 'Auditors and their Role in Society — the Legal Concept of Status', *Australian Business Law Review*, June 1976.

HM Government, *The Role of the Comptroller and Auditor General*, Green Paper presented to Parliament by the Chancellor of the Exchequer, Cmnd 7845 (London: HMSO, 1980) p.8.

ICAEW, ICAS, ICAI, CACA, and CIPFA, *Auditing Standards and Guidelines, Explanatory Foreword* (London and Edinburgh: The Institute of Chartered Accountants in England and Wales, The Institute of Chartered Accountants of Scotland, The Institute of Chartered Accountants in Ireland, The Chartered Association of Certified Accountants, The Chartered Institute of Public Finance and Accountancy, 1980) para.2.

IFAC, *International Auditing Guidelines: No.1, Objective and Scope of the Audit of Financial Statements* (New York: International Federation of Accountants, 1980) p.9.

Limperg, T., *The Social Responsibility of the Auditor* (Amsterdam: Limperg Instituut, 1985) p.9.

Mautz, R.K., *The Role of the Independent Auditor in a Market Economy*, unpublished background paper for the AICPA Commission on Auditors' Responsibilities, 1975a.

Mautz, R.K., *The Role of Auditing in Our Society*, unpublished background paper for the AICPA Commission on Auditors' Responsibilities, 1975b.

Mautz, R.K., and Sharaf, H.A., *The Philosophy of Auditing* (Sarasota: American Accounting Association, 1961) pp.6 and 10. (近澤弘治監訳, 関西監査研究会訳『監査理論の構造』中央経済社, 1987年)

Metcalf Committee, *Report of the Sub-committee on Reports, Accounting and Management of the Committee on Government Affairs United States Senate (Journal of Accountancy, January* 1978) p.90.

Normanton, E.L., *The Accountability and Audit of Governments* (Manchester: Manchester University Press, 1966). (小川幸作・小川光吉訳『政府のアカウンタビリティと会計検査―会計検査の原点』全国会計職員協会, 2005年)

Tricker, R.I., 'Corporate Accountability and the Role of the Audit Function', in A.G. Hopwood, M. Bromwich and J. Shaw (eds) *Auditing Research: Issues and Opportunities* (London: Pitman, 1982).

翻訳者あとがき

　本書は，David Flint 著 "Philosophy and Principles of Auditing : An introduction"（Macmillan, London, 1988）の邦訳書である。

　原著者である Flint 教授は，1919 年にスコットランドのグラスゴーで生まれ，1942 年にグラスゴー大学を卒業し，2017 年にグラスゴーの地で没した。Flint 教授は実務家と研究者の双方で顕著な功績を残している。実務家としては，スコットランドの勅許会計士として長年活躍し，1975 年から 1976 年までスコットランド勅許会計士協会（Institute of Chartered Accountants of Scotland）の会長を務めた。一方，研究者としては，1964 年から 1985 年までグラスゴー大学教授（会計学）の地位にあり，1983 年から 1984 年にはヨーロッパ会計学会（European Accounting Association）の会長の任に当たった。

　Flint 教授の主な関心は，監査におけるプロフェッショナリズムと倫理の問題，会計士の資格を得るための教育上の要件，財務諸表における「真実かつ公正な概観」が持つ意味，監査理論の展開等にあった。今回，邦訳した著書以外に主な著書として，"A True and Fair View in Company Accounts"（Gee, London, 1982）がある。

　本書を読む際の参考となるように，本書で展開されている Flint 教授の監査理論の特徴について簡単に説明することにしたい。Flint 教授は，財務諸表に対して信憑性を付与することが監査の重要な機能のひとつであることを認めながらも，監査をより広い社会的コンテキストのなかに位置づける。その上で，Flint 教授は，監査は私的部門および公的部門の双方におけるアカウンタビリティを監視し，かつ確保する社会的統制機構の重要な要素ないし部分である，

と主張する。Flint 教授の監査理論においては，アカウンタビリティという概念が重要な位置を占めており，アカウンタビリティたる義務の存在が監査の必要性を生じさせる重要な環境要因とみなされるとともに，アカウンタビリティの履行プロセスおよび結果が監査の対象として措定される。また，Flint 教授は，監査の基盤が社会のニーズにあることが監査の極めて重要な特性であり，監査という機能は社会における個人または集団のニーズを理解し，それに対応する形で進化してきたと主張する。そのことは，監査においてアカウンタビリティを測る尺度が誠実性や合規性から，社会のニーズに対応する形でより広く経済性，効率性および有効性へと展開していったところに表れていると言う。

本書の書名に含まれている"philosophy"（「根本原理」）について，Flint 教授は次のように説明している。

「本書における理論的アプローチの基礎にある根本原理は，以下の命題に従う。監査はアカウンタビリティを確保するための社会的統制機構である。監査人と監査に係る政策決定者が負う義務は，監査機能は動的な機能であり静的な機能ではないことを常に念頭に置きつつ，独立監査に対する社会のニーズや期待が何であるかを知るよう努めることと，実践上の制約および経済的な制約による限界があるなかで当該ニーズを満足させるよう努力することである。」

本書がロンドンで出版されたのは 1988 年であった。それから，約 30 年の月日が流れている。しかし，Flint 教授が本書で展開した監査理論は，今日においてもまったく輝きを失っていない。近年，我が国において，上場企業を対象に，経営者に対して新たな形でアカウンタビリティを求める財務報告制度が創設された。内部統制報告制度と四半期報告制度がそれである。そして，それに対応して内部統制監査と四半期レビューが制度として実施されるようになった。また，いまだ任意ではあるが，今日，財務情報のみならず非財務情報をも包含した統合報告書の開示が上場企業を中心に進展しており，統合報告書に対する保証のあり方が監査論研究者の間で議論されはじめている。このように，社会の

ニーズに対応して，新たにさまざまな形でアカウンタビリティが企業の経営者に要求されるようになり，それを受けてアカウンタビリティを確保するために監査ないし保証業務が求められている。上で引用した"philosophy"にあるように，監査は，社会的統制機構として，「独立監査に対する社会のニーズや期待が何であるかを知るよう努めることと，実践上の制約および経済的な制約による限界があるなかで当該ニーズを満足させるよう努力すること」を求められているのである。つまり，彼が示した"philosophy"は，今日においてもその輝きを放ち続けているのである。ここに，出版から30年の時を経た今日において原著書を翻訳することの意義があると考える。

本書の刊行にあたって，香川大学経済学会から出版助成を受けた。厚く御礼を申し上げる。本書は香川大学経済研究叢書として出版される。また，出版に際して献身的にご協力をいただいた株式会社創成社の西田徹氏に対して心より御礼を申し上げる。

2018年3月5日

遠くに紫雲山をのぞむ研究室にて

井上善弘

索　引

A－Z

Limperg, T.……v, ix
Mautz and Sharaf……10
Mautz, R.K.……ix
Sharaf, H.A……ix
Theory of Inspired Confidence……ix, 118

ア

アカウンタビリティ……3
――関係……25
委託事項……17, 130
遠隔性……29

カ

会計上の重要性……144
ガイドライン……174
監査概念……xii
監査機能……118
監査公準……22
監査証拠……35, 119
――論……115
監査上の重要性……151
監査に固有の専門的性質……129
監査によるベネフィット……119
監査人による借入れ……73
監査人による投資……73
監査人のアカウンタビリティ……179
監査人の署名と称号……137
監査人の報酬決定……73
監査の権威……51, 97
監査の専門的な性格……76
監査の独立性……59
――に関する慣習化された予測……93
監査プロフェッション……127
監査報告書……82
監査報酬額……86
監査リスク……127
監査理論……xi
関連性……121
客観性……68
強制的な証拠……117
業務監査……41
金銭的な利害または依存……69
経営監査……41
経済性……40
継続的専門教育……183
継続的な専門教育プログラム……58
公開……138
合規性……157
公共の利益……62, 96, 97
公的アカウンタビリティ……24
公平性……68
効率性……40, 157
合理的な推論……121
合理的な注意と技能……167
個人的な要因……59
個人の資質……69
コントロール……127
根本原理……19

サ

裁判官……164
裁判所……164
査閲……184
残余リスク……124
思考と行為の独立性……88
自主規制……99
実践基準……169
実務検査……186
――報告書……188
実務品質レビュー……186
私的なアカウンタビリティ……31
事務所間レビュー……187
社会監査……41
社会的統制機構……3
十分性……121
重要性……23, 141

受益者たる監査人	74		
証拠源泉	116	**ナ**	
証拠と監査人の確信度	112	内部監査人	64
証拠の説得力	120	内部統制	146
職業専門家としての独立性	103	能力	53
職業専門家としての能力	102	**ハ**	
人的関係	69	ピアレビュー	186
誠実性	157	被監査組織に対する過度な報酬依存	74
精神的態度	65	秘密保持	102, 103
正当な注意	159, 161	品質管理	159, 177, 178, 182
——義務	143	——システム	183
セキュリティ	127	複雑性	29
専門家団体	175	プロ意識	102
専門基準	158, 159, 174	文書的証拠	125
専門職	97	平均的な実務家	169
組織上の地位	69	報告書の日付	137
組織的な要因	59	**マ**	
タ		目的適合的な証拠	121
地位の独立性	32	**ヤ**	
調査および報告上の自由	69	有効性	40, 157
調査および報告に対する制約からの自由	32	**ラ**	
適格性	121	理解可能性	132
——ある証拠	117	利用者のニーズと期待	81
統計的サンプリング	127	倫理基準	158
独立監査	60	倫理に関する指針	102
独立性に対する脅威	75	レビュー	184
独立性の外観	106		

《訳者紹介》

井上善弘（いのうえ・よしひろ）

- 1989 年　神戸大学経営学部卒業
- 1991 年　神戸大学大学院経営学研究科博士課程前期課程修了
- 1995 年　香川大学経済学部助教授
- 2004 年　香川大学経済学部教授（現在に至る）

（検印省略）

2018 年 3 月 30 日　初版発行　　　　　　　略称―監査原理

■香川大学経済研究叢書 31

監査の原理と原則

著　者	デヴィッド・フリント
訳　者	井上善弘
発行者	塚田尚寛

発行所　東京都文京区春日 2－13－1　株式会社 創 成 社

電　話　03（3868）3867　　ＦＡＸ　03（5802）6802
出版部　03（3868）3857　　ＦＡＸ　03（5802）6801
http://www.books-sosei.com　振　替　00150-9-191261

定価はカバーに表示してあります。

©2018 Yoshihiro Inoue　　組版：スリーエス　印刷：エーヴィスシステムズ
ISBN978-4-7944-1526-4 C3034　　製本：宮製本所
Printed in Japan　　　　　　　　落丁・乱丁本はお取り替えいたします。

―― 簿記・会計選書 ――

書名	著者	価格
監査の原理と原則	デヴィッド・フリント 著 井 上 善 弘 訳	2,400 円
現代管理会計論再考 ― 会計と管理，会計と非会計を考える ―	足 立 　 浩 著	3,200 円
国際会計の展開と展望 ― 多国籍企業会計とIFRS ―	菊 谷 正 人 著	2,600 円
IFRS教育の実践研究	柴 　 健 次 編著	2,900 円
IFRS教育の基礎研究	柴 　 健 次 編著	3,500 円
投資不動産会計と公正価値評価	山 本 　 卓 著	2,500 円
不動産会計と経営行動 ― 公正価値と環境リスクを背景に ―	山 本 　 卓 著	2,200 円
会計不正と監査人の監査責任 ― ケース・スタディ検証 ―	守 屋 俊 晴 著	3,800 円
キャッシュフローで考えよう！ 意思決定の管理会計	香 取 　 徹 著	2,200 円
会 計 原 理 ― 会計情報の作成と読み方 ―	斎 藤 孝 一 著	2,000 円
現代会計の論理と展望 ― 会計論理の探究方法 ―	上 野 清 貴 著	3,200 円
簿 記 の ス ス メ ― 人生を豊かにする知識 ―	上 野 清 貴 監修	1,600 円
複式簿記の理論と計算	村 田 直 樹 竹 中 徹 彦 森 口 　 毅 編著	3,600 円
複式簿記の理論と計算 問題集	村 田 直 樹 竹 中 徹 彦 森 口 　 毅 編著	2,200 円
非営利組織会計テキスト	宮 本 幸 平 著	2,000 円
社 会 化 の 会 計 ― すべての働く人のために ―	熊 谷 重 勝 内 野 一 樹 編著	1,900 円
活動を基準とした管理会計技法の展開と経営戦略論	広 原 雄 二 著	2,500 円
ライフサイクル・コスティング ― イギリスにおける展開 ―	中 島 洋 行 著	2,400 円

(本体価格)

創 成 社